DÖRT MEZHEP
İMAMININ İTİKADI

YAZAN

Dr. Muhammed el-Humeyyis

YAYINCININ ÖNSÖZÜ

Âlemlerin Rabbi olan Allah'a hamd, O'nun elçisine, âile halkına, ashâbına ve onu dost edinenlere salât ve selâm ederiz.

Allah Teâlâ şöyle buyurmaktadır:

﴿ قُلْ أَطِيعُوا۟ ٱللَّهَ وَٱلرَّسُولَ ۖ فَإِن تَوَلَّوْا۟ فَإِنَّ ٱللَّهَ لَا يُحِبُّ ٱلْكَٰفِرِينَ ۝ ﴾

[سورة آل عمران الآية: ٣٢]

"(Ey Nebi!) De ki: Allah'a ve elçisine itaat edin.Eğer yüz çevirirlerse, şüphesiz ki Allah, kâfirleri sevmez."[1]

﴿ فَلَا وَرَبِّكَ لَا يُؤْمِنُونَ حَتَّىٰ يُحَكِّمُوكَ فِيمَا شَجَرَ بَيْنَهُمْ ثُمَّ لَا يَجِدُوا۟ فِىٓ أَنفُسِهِمْ حَرَجًا مِّمَّا قَضَيْتَ وَيُسَلِّمُوا۟ تَسْلِيمًا ۝ ﴾ [سورة النساء الآية: ٦٥]

"Hayır, öyle değil. Rabbine andolsun ki, aralarında çekiştikleri zaman seni hakem kılıp sonra verdiğin hükme, içlerinde hiçbir sıkıntı duymadan,tam bir teslimiyetle teslim olmadıkça îmân etmiş olmazlar."[2]

Rasûlullah -sallallahu aleyhi ve sellem- de şöyle buyurmaktadır:

((وَتَفْتَرِقُ أُمَّتِي عَلَى ثَلَاثٍ وَسَبْعِينَ مِلَّةً، كُلُّهُمْ فِي النَّارِ إِلاَّ مِلَّةً وَاحِدَةً. قَالُوا: وَمَنْ هِيَ يَا رَسُولَ اللهِ؟ قَالَ: مَا أَنَا عَلَيْهِ وَأَصْحَابِي.)) [رواه الترمذي]

"Ümmetim yetmiş üç fırkaya ayrılacaktır.İçlerinden bir fırka dışında, diğer hepsi cehennemdedir.

Sahâbe:

Ey Allah'ın elçisi! Bu kurtulan fırka kimdir?" diye sordular.

---

[1] Âl-i İmrân Sûresi: 32
[2] Nisâ Sûresi: 65

Rasûlullah -sallallahu aleyhi ve sellem- şu cevabı verdi:

-Onlar, benim ve ashâbımın gittiği yol üzere olanlardır."[1]

((أُوصِيكُمْ بِتَقْوَى اللهِ، اسْمَعُوا وَأَطِيعُوا وَإِنِ اسْتُعْمِلَ عَلَيْكُمْ عَبْدٌ حَبَشِيٌّ كَأَنَّ رَأْسَهُ زَبِيبَةٌ وَالسَّمْعَ وَالطَّاعَةِ وَإِنْ عَبْدٌ حَبَشِيٌّ. فَإِنَّهُ مَنْ يَعِشْ مِنْكُمْ يَرَى اخْتِلَافًا كَثِيرًا، وَإِيَّاكُمْ وَمُحْدَثَاتِ الْأُمُورِ، فَإِنَّهَا ضَلَالَةٌ. فَمَنْ أَدْرَكَ ذَلِكَ مِنْكُمْ فَعَلَيْهِ بِسُنَّتِي، وَسُنَّةِ الْخُلَفَاءِ الرَّاشِدِينَ الْمَهْدِيِّينَ، عَضُّوا عَلَيْهَا بِالنَّوَاجِذِ.)) [رواه الترمذي]

"Size Allah'tan korkmanızı vasiyet ediyorum. Başı üzüm tanesi gibi siyah bir köle başınıza emir olarak tayin edilse bile, ona itaat edin. Benden sonra yaşayanlar birçok ihtilaflar göreceklerdir. Dine sonradan sokulan şeylerden şiddetle kaçının. Çünkü onlar dalâlettir.İçinizden o günlere ulaşanlar, benim ve râşid halifelerimin sünnetine yapışsın, azı dişleriyle tutunurcasına ona sarılsın."[2]

((قَدْ تَرَكْتُكُمْ عَلَى الْبَيْضَاءِ، لَيْلُهَا كَنَهَارِهَا، لَا يَزِيغُ عَنْهَا بَعْدِي إِلَّا هَالِكٌ.))

[رواه أحمد وابن ماجه]

"Ben, gecesi de gündüz gibi olan tertemiz şeriatı size bırakıyorum.Benden sonra o yoldan sapan helak olur."[3]

((خَيْرُ النَّاسِ قَرْنِي، ثُمَّ الَّذِينَ يَلُونَهُمْ، ثُمَّ الَّذِينَ يَلُونَهُمْ.)) [متفق عليه]

"İnsanların en hayırlısı, benim asrımda yaşayanlardır.Sonra ondan sonra yaşayanlar (tâbiîn), sonra da ondan sonra yaşayanlar (etbâut-tâbiîn)'dir."[1]

---

[1] Tirmizî, hadis sahihtir.
[2] Tirmizî, hadis sahihtir.
[3] İmam Ahmed ve İbn-i Mâce, hadis sahihtir.

Yukarıdaki âyet ve hadisler bize, Allah Teâlâ ve elçisinin emirlerine uymanın farz olduğunu göstermektedir. O halde Rasûlullah -sallallahu aleyhi ve sellem-'in sünnetine, tıpkı azı dişlerimizle sıkarcasına sarılmak ve onlara göre hareket etmek gibi, râşid halifelerin sünnetine uymak da farzdır.

Yine, Rasûlullah -sallallahu aleyhi ve sellem-'in üç asrı da tezkiye ettiğini görüyoruz. Bunlar sahâbe, tâbiîn, dört mezhep imamı ve hatta sünen sahipleri Buhârî, Müslim, Ebû Dâvûd, Tirmizî, Nesâî, İbn-i Mâce ve diğerlerini bağrından çıkarmış hayır asırlarıdır.

Bu nedenle bizim için, bütün işlerimizde ve özellikle de akîdeye ilişkin meselelerde, o güzide şahsiyetlerin hak yoluna uymak gerekir. Çünkü onlar derece derece saâdet asrına yakın olan şahsiyetlerdi ve ilk kaynaktan beslenmişlerdi.

Artık bundan sonra, nübüvvet pınarını terkedip de, aklını naklin önüne alan mantıkçı, felsefeci ve kelâmcıların peşinde gitmek nasıl câiz olabilir? Çünkü bütün bu gruplar dîni zorlaştırmış ve içinden çıkılmaz girift bir duruma sokmuşlardır.

İşte elinizdeki bu kitap, Rasûlullah -sallallahu aleyhi ve sellem-'in övdüğü bir asırda yaşayan, müslümanlar arasında önemli bir yere sahip olan dört imamın kimler olduğunu ve akîdelerini konu edinmektedir. Şüphesiz fıkıhta taklit ettiğimiz bu müstesnâ şahsiyetleri, akîdede de taklid etmemiz gerekir. İşte "Dört Mezhep İmamının İtikadı" adındaki bu eseri, önerdiğimiz akîdeyi öğrenmek için yayımlıyoruz.

Bu eserin Türkiye'de yayımlanması için izin ve yardımlarını esirgemeyen yazara ve onun yayıncısına burada teşekkür etmeyi bir borç biliyoruz.

Son söz olarak, Kur'an'a sarılmayı ve Sünnet'i yaşamayı, günü geldiğinde yeryüzünde hükmünün hakim kılındığını görmenizi nasip etmesini Allah Teâlâ'dan diliyoruz.

---

[1] Buhârî ve Müslim

YAZARIN ÖNSÖZÜ

Hamd, Allah'adır. O'na hamdeder, O'ndan yardım diler, O'ndan hidâyet ister ve O'ndan bağışlanma dileriz. Nefislerimizin şerrinden ve amellerimizin kötülüklerinden Allah'a sığınırız. Allah kimi hidâyete erdirirse, onu saptıracak yoktur, kimi de saptırırsa, ona hidâyet edecek yoktur.

Ben, Allah'tan başka hak ilahın olmadığına, O'nun bir olduğuna ve O'nun hiçbir ortağı bulunmadığına ve Muhammed -sallallahu aleyhi ve sellem-'in O'nun kulu ve elçisi olduğuna şehâdet ederim.

Allah Teâlâ buyuruyor ki:

﴿ يَٰٓأَيُّهَا ٱلَّذِينَ ءَامَنُواْ ٱتَّقُواْ ٱللَّهَ حَقَّ تُقَاتِهِۦ وَلَا تَمُوتُنَّ إِلَّا وَأَنتُم مُّسْلِمُونَ ۝ ﴾

[سورة آل عمران الآية :١٠٢]

"Ey îmân edenler! Allah'tan gerektiği gibi korkun ve ancak müslümanlar olarak ölün."[1]

﴿ يَٰٓأَيُّهَا ٱلنَّاسُ ٱتَّقُواْ رَبَّكُمُ ٱلَّذِى خَلَقَكُم مِّن نَّفْسٍ وَٰحِدَةٍ وَخَلَقَ مِنْهَا زَوْجَهَا وَبَثَّ مِنْهُمَا رِجَالًا كَثِيرًا وَنِسَآءً وَٱتَّقُواْ ٱللَّهَ ٱلَّذِى تَسَآءَلُونَ بِهِۦ وَٱلْأَرْحَامَ إِنَّ ٱللَّهَ كَانَ عَلَيْكُمْ رَقِيبًا ۝ ﴾ [سورة النساء الآية :١]

"Ey insanlar! Sizi tek bir nefisten yaratan ve ondan da eşini yaratıp ikisinden birçok erkek ve kadınlar var eden Rabbinizden korkun. Adına

---

[1] Âl-i İmrân Sûresi: 102

birbirinizden dilekte bulunduğunuz Allah'tan ve akrabalık bağlarını koparmaktan sakının. Allah sizin üzerinizde gözetleyicidir."[1]

﴿ يَٰٓأَيُّهَا ٱلَّذِينَ ءَامَنُوا۟ ٱتَّقُوا۟ ٱللَّهَ وَقُولُوا۟ قَوْلًا سَدِيدًا ۝ يُصْلِحْ لَكُمْ أَعْمَٰلَكُمْ وَيَغْفِرْ لَكُمْ ذُنُوبَكُمْ وَمَن يُطِعِ ٱللَّهَ وَرَسُولَهُۥ فَقَدْ فَازَ فَوْزًا عَظِيمًا ۝ ﴾

[سورة الأحزاب الآيتان: ٧٠-٧١]

"Ey îmân edenler! Allah'tan korkun ve doğru söz söyleyin ki, Allah işlerinizi düzeltsin ve günahlarınızı bağışlasın.Kim, Allah'a ve elçisine itaat ederse, şüphesiz o büyük bir kurtuluşa ermiştir."[2]

Ebu Hanife'ye -Allah ona rahmet etsin- göre dînin esasları konusunu araştırmak için geniş bir doktora tezi hazırladım. Bu tezin girişine diğer üç imamın (Mâlik, Şâfiî ve Ahmed b. Hanbel) akîdelerinin bir özetini koydum. Bazı fazilet ehli dostlar, bu üç imamın akîdesini ayrı bir kitap halinde düzenleyip dört imamın akîdesini tamamlamamı istediler. Ben de bu vesileyle, İmam Ebu Hanife'nin tevhid, kader, îmân ve sahâbe hakkındaki akîdesi ile kelâm hakkındaki görüşlerini genişçe ele almama rağmen, bu kitapçığa eklemeyi uygun gördüm. Bu amelin, Allah Teâlâ'nın vechi kerîmine uygun olmasını, O'nun kitabının yolunda ve elçisi Muhammed -sallallahu aleyhi ve sellem-'in sünneti üzere yaşamada hepimizi muvaffak kılmasını Allah Teâlâ'dan dilerim.

Allah Teâlâ, her niyeti hakkıyla bilendir. Allah Teâlâ (dost olarak) bize yeter. O, ne güzel vekildir.

Duâlarımızın sonu; hamd ancak âlemlerin Rabbi olan Allah'adır.

Muhammed b. Abdurrahman el-Humeyyis

---

[1] Nisâ Sûresi: 1
[2] Ahzâb Sûresi: 70-71

1. BÖLÜM

Dört mezhep imamının, îmân konusu dışında, dînin esasları konusunda itikatlarının aynı olduğunun açıklaması:

Dört mezhep imamının (Ebu Hanife, Mâlik, Şâfiî ve Ahmed b. Hanbel) itikadı, Kitap ve Sünnet ile gelen, sahâbe ve onlara güzellikle uyan tâbiîn'in itikadıdır. Allah'a hamdolsun, dört imam arasında dînin esaslarında hiçbir ihtilaf yoktur. Aksine onlar, Allah'ın sıfatlarına, Kur'an'ın, Allah'ın kelâmı olduğuna ve yaratılmış (mahluk) olmadığına îmân etme ve îmânın da kalp ile dilin tasdiki olması gerektiği konusunda ittifak etmişlerdir. Hatta onlar, kelâmcılardan ve Yunan felsefesinden etkilenen Cehmiyye ve kelâmcı ekolleri reddetmişlerdir.

İbn-i Teymiye -Allah ona rahmet etsin- bu konuda şöyle der:

"...Allah'ın kullarına olan rahmetiyle, dört imam ve başkaları gibi, ehl-i sünnet imamları, bu ümmetin sadık bir dili olmuşlardı. Bu imamlar, Cehmiyye ve benzeri kelâmcıların Kur'an, îmân ve Allah'ın sıfatları hakkındaki görüşlerini reddediyorlardı. Onlar, selefin inandığı gibi, Allah'ın âhirette görüleceği, Kur'an'ın Allah'ın kelâmı olduğu ve mahluk olmadığı, îmânda kalp ile dilin tasdikinin olması gerektiği hususunda ittifak etmişlerdir."[1]

İbn-i Teymiye -Allah ona rahmet etsin- yine şöyle der:

---

[1] Kitâbu'l-Îmân; sayfa:350-351, Tâlik: Muhammed Herrâs

"Meşhur imamların hepsi, Allah Teâlâ'nın sıfatları olduğunu kabul ederek şöyle demişlerdir: Kur'an Allah'ın kelâmıdır, mahlûk değildir (yaratılmamıştır). Allah âhirette görülecektir. Bu, sahâbe, tabiîn, ehl-i beyt ve Mâlik b. Enes, Sevrî, Leys b. Sa'd, Evzâî, Ebu Hanife, Şâfiî ve Ahmed b. Hanbel gibi onlara uyan imamların mezhebidir." [1]

Şeyhulislâm İbn-i Teymiye'ye, İmam Şâfiî'nin itikadı hakkında sorulduğunda, o şu cevabı vermiştir:

"Şâfiî ve Mâlik, Sevrî, Evzâî, İbn-i Mübârek, Ahmed b. Hanbel ve İshak b. Rahaveyh gibi ümmetin ilk müslümanlarının itikadı, Fudayl b. İyâd, Ebu Süleyman ed-Dârânî, Sehl b. Abdullah et-Tesettürî ve başkaları gibi, örnek alınan ve kendilerine uyulan âlimlerin itikadıdır. Zirâ imamlar ve benzerleri arasında dînin esasları konusunda hiçbir anlaşmazlık yoktur. Aynı şekilde İmam Ebu Hanife'nin tevhîd, kader ve bu gibi konulardaki itikadı, bu imamların itikadı ile aynıdır. Bu imamların itikadı ise, sahâbe ve tabiînin üzerinde bulunduğu, Kitap ve Sünnet ile sâbit olan itikattır." [2]

Büyük âlim Sıddık Hasan Han da bu görüşü tercih etmiş ve şöyle demiştir:

"Bizim mezhebimiz, selefin mezhebi olan, Allah'ın sıfatlarını teşbihsiz kabul etmek ve boşa çıkarmaksızın tenzih etmektir. Bu, İslâm imamları olan Mâlik, Şâfiî, Sevrî, İbn-i Mübârek ve Ahmed b. Hanbel gibi imamların mezhebidir. Zirâ dînin esasları konusunda onlar arasında hiçbir anlaşmazlık yoktur. Aynı şekilde İmam Ebu Hanife hakkında meşhur olan; diğer imamların

---

[1] Minhâcu's-Sunne, c: 2, sh: 106
[2] Mecmûu'l-Fetâvâ, c:5, sh: 256

itikadı gibi, O'nun itikadının da Kur'an ve Sünnette sabit olan itikad olduğudur."[1]

Şimdi de Ebu Hanife, Mâlik, Şâfiî ve Ahmed b. Hanbel gibi kendilerine uyulan imamların dînin esaslarıyla ilgili meselelerdeki görüşleriyle kelâm ilmine karşı tutumlarını onların sözlerinden sizlere aktaralım.

2. BÖLÜM

İmam Ebu Hanife'nin Akîdesi

a) İmam Ebu Hanife'nin tevhîd hakkındaki görüşleri:

1. Tevhîd hakkındaki akîdesi, şer'î (câiz) tevekkülün açıklaması ve bid'at tevessülün geçersiz kılınması konusundaki görüşleri:

1. Ebu Hanîfe demiştir ki:

"Allah'ın isimleri dışında başka bir isimle Allah'a duâ etmek câiz değildir. Câiz olup emredilen duâ, Allah Teâlâ'nın şu sözüyle sâbittir:

$$ \text{﴿ وَلِلَّهِ الْأَسْمَاءُ الْحُسْنَى فَادْعُوهُ بِهَا وَذَرُوا الَّذِينَ يُلْحِدُونَ فِي أَسْمَائِهِ سَيُجْزَوْنَ مَا كَانُوا يَعْمَلُونَ ﴾ [سورة الأعراف الآية: ١٨٠]} $$

"En güzel isimler, Allah'ındır. O halde O'na o isimlerle duâ edin (yalvarın). O'nun isimleri hakkında eğri yola gidenleri bırakın. Onlar, yapmakta olduklarının cezâsını göreceklerdir."[1]

---

[1] Katfu's-Semer sh: 47-48

2. Ebu Hanîfe demiştir ki:

"Duâ edenin: "Falancanın hakkı için" veya "Nebilerin ve elçilerin hakkı için" ya da "Kâbe'nin ve Meş'ar-i Haram'ın (Müzdelife'nin) hakkı için" gibi sözlerle Allah'a yalvarması mekruhtur."[2]

3. Ebu Hanîfe demiştir ki:

"Bir kimsenin Allah'tan başkasıyla duâ etmesi doğru değildir. "Senin arşının tutunduğu izzet düğümü hürmetine[3] *veya "yarattıklarının hakkı için" gibi sözlerin kullanılmasını çirkin görüyorum."*[4]

---

[1] A'râf Sûresi: 180 (ed-Durru'l-Muhtâr c: 6, sh: 396-397.)

[2] el-Akidetu't Tahaviye şerhi sh:234. İthafu's-Sadeti'l-Muttekîn c:2,sh:288.Fıkhı Ekber Şerhi sh:198.

[3] İmam Ebu Hanife ve Muhammed b.Hasan, kişinin duâsında "Allahım! Senin arşının izzet düğümü hürmetine" diye duâ etmeyi, hakkında bir nas olmadığı için kerih görmüşlerdi. Ebu Yusuf un sözünü ettiği hadiste Allah Rasûlü -sallallahu aleyhi ve sellem- şöyle duâ etmiştir: "Allahım! Ben, senden arşının izzet düğümlerinden, kitabındaki sonsuz rahmetle Sen'den isterim."

Bu hadisi el-Beyhakî "ed-Deavâtu'l-Kebîra" adlı kitabında rivâyet etmiştir. el-Binâye'de de (9/382) zikri geçer. Nasbu'r-Râye (4/272)

Fakat bu hadisin isnadında üç kusur vardır:

1. Dâvûd b. Ebî Âsım, İbn-i Mes'uddan hadisi işitmemiştir.

2. Abdülmelik b. Cureyc, müdellis ve hadisleri mürseldir.

3. Amr b. Harun yalancılıkla suçlanmıştır. Bundan dolayı İbn-i Cevzi'nin -el-Binâye'de (9/382) dediği gibi-: Şüphe yok ki bu hadis, uydurmadır. İsnadı da gördüğün gibi boşa gitmiş" demiştir.Bknz: Tehzîbu't-Tehzîb (3/189), (6/405), (7/501).

[4] et-Tevessül ve'l-Vesîle, sh:82, El-Fıkhu'l-Ekber Şerhi, sh:198

2. İmam Ebu Hanife'nin, Allah Teâlâ'nın sıfatlarının isbâtı hakkındaki görüşleri ve Cehmiyye'ye verdiği cevaplar:

4. Ebu Hanîfe demiştir ki:

"Allah Teâlâ, yaratılmışların sıfatlarıyla vasfedilemez. Gazabı ve rızâsı, O'nun iki sıfatıdır. Keyfiyeti bilinemez. Bu, Ehl-i sünnet ve'l-cemaatin görüşüdür. Allah, gazap da eder, râzı (hoşnut) da olur. O'nun gazabı, cezalandırmasıdır, rızâsı ise sevâbıdır' denilemez. O kendisini, Bir'dir, Samed'dir, doğmamıştır, doğurulmamıştır, O'nun hiçbir dengi yoktur, Hayy'dır, Kâdir'dir, Semî'dir, Basîr'dir, Âlim'dir. Allah'ın eli, onların ellerinin üzerindedir, fakat O'nun eli, yarattıklarının elleri gibi değildir, yüzü de yarattıklarının yüzleri gibi değildir, şeklinde nasıl vasfetmişse, biz de O'nu öyle vasfederiz."[1]

5. Ebu Hanîfe demiştir ki:

"Allah Teâlâ'nın Kur'an'da zikrettiği gibi, O'nun eli, yüzü ve nefsi vardır. Allah Teâlâ'nın, kitabında zikretmiş olduğu yüz, el, nefis, O'nun, keyfiyeti bilinmeyen sıfatlarındandır. Elinden maksat, kudretidir veya nimetidir denilemez.

---

[1] el-Fıkhu'l-Ebsat, sh: 56

Çünkü bu durumda, Allah'ın sıfatlarını boşa çıkarma söz konusu olur ki bu, Kaderiye ve Mu'tezile'nin görüşüdür."[1]

6. Ebu Hanîfe demiştir ki:

"Hiç kimse, Allah Teâlâ'nın zatı hakkında bir şey diyemez. Aksine O'nu, kendisini nasıl vasıflandırmışsa, öyle vasıflandırmalıdır. Allah Teâlâ hakkında kendi görüşüne göre bir şey söylememelidir. Âlemlerin Rabbi olan Allah Teâlâ, türlü kusur ve noksanlıktan münezzehtir."[2]

7. Ebu Hanife'ye 'Allah'ın nuzûlü' hakkında sorulduğu zaman: "Allah, keyfiyetsiz olarak nüzûl eder" demiştir.[3]

8. Ebu Hanîfe demiştir ki:

"Allah Teâlâ'dan bir şey istenirken, yukarıdan istenir, aşağıdan değil. Çünkü Rubûbiyet ve Ulûhiyet vasıflarından aşağı diye hiçbir şey yoktur."[4]

9. Ebu Hanîfe demiştir ki:

''O, gazaba da gelir, râzı da olur. O'nun gazabı cezalandırmasıdır, rızâsı da sevabıdır, denilemez."[5]

10. Ebu Hanîfe demiştir ki:

"O, hiçbir şeye benzemediği gibi, yarattıklarından hiçbir şey de O'na benzemez. O, dâimâ isim ve sıfatlarının sahibidir."[6]

11. Ebu Hanîfe demiştir ki:

---

[1] el-Fıkhu'l-Ekber, sh: 302

[2] el-Akidetu't-Tahâviye Şerhi, c: 2, sh: 427, Tahkik: Dr. Abdullah et-Turki, Celâu'l-Ayneyn, sh: 368.

[3] Akidetu's-Selef ve Ashâbi'l-Hadis sh: 42, (Dâru's-Selefiye baskısı), Beyhakî'nin: el-Esma ve's-Sıfat, sh: 456, Kevserî bu konuda susmuştur. el-Akidetu't-Tahâviye Şerhi, sh: 245, Tahric: Elbânî. Molla el-Kârî'nin; el-Fıkhu'l-Ekber Şerhi, sh: 60

[4] el-Fıkhu'l-Ebsat, sh: 51

[5] el-Fıkhu'l-Ebsat, sh: 56. Kitabı tahkik eden Kevserî bu konuda susmuştur.

[6] el-Fıkhu'l-Ekber, sh: 301

"O'nun sıfatları, yarattıklarının sıfatlarının aksinedir. O'nun bilmesi, bizim bilmemiz gibi değildir. Kudretinin yetmesi, bizim kudretimizin yetmesi gibi değildir. Görmesi, bizim görmemiz gibi değildir. İşitmesi, bizim işitmemiz gibi değildir. Konuşması, bizim konuşmamız gibi değildir." [1]

12. Ebu Hanîfe demiştir ki:

"Allah Teâlâ, yaratılmışların sıfatlarıyla vasıflandırılamaz." [2]

13. Ebu Hanîfe demiştir ki:

"Kim Allah'ı, insanlığın tanımlarından bir tanımla vasıflandırırsa, kâfir olur." [3]

14. Ebu Hanîfe demiştir ki:

"O'nun sıfatları zâti ve fiilîdir. Zâtî sıfatlar: Hayat, kudret, ilim, kelâm (konuşma), sem' (işitme), basar (görme) ve irâdedir. Fiilî sıfatlar: Yaratma, rızık verme, inşâ, ibdâ' ve sun'dur. Bunun dışında ne kadar fiilî sıfatı varsa, dâimâ hem onların, hem de sıfatlarının sahibidir." [4]

15. Ebu Hanîfe demiştir ki:

"Allah, halihazırda, fiil sahibidir. Fiil ezelden beri, O'nun sıfatıdır. Fâil, Allah Teâlâ'dır. Fiil, ezelî bir sıfattır. Mef'ul, mahluktur (yaratılmıştır). Allah Teâlâ'nın fiili, mahluk (yaratılmış) değildir." [5]

16. Ebu Hanîfe demiştir ki:

"Bir kimse: 'Rabbim gökte midir, yoksa yerde midir? Bilmiyorum' derse kâfir olur."

---

[1] el-Fıkhu'l-Ekber, sh: 302
[2] el-Fıkhu'l-Ebsat, sh: 56
[3] el-Akidetu't-Tahâviye sh: 25, Tâlik: Elbânî.
[4] el-Fıkhu'l-Ekber, sh: 301
[5] el-Fıkhu'l-Ekber, sh: 301

Yine: *"O, arşının üzerindedir. Fakat arş gökte midir, yoksa yerde midir? bilmiyorum' diyen kimse de kâfir olur."*[1]

17. Ebu Hanife, kendisine:

"İbâdet ettiğin ilâhın nerededir?" diye soran kadına:

"Allah Subhânehu ve Teâlâ yerde değil, göktedir" cevabını verdi.

Bunun üzerine adamın birisi:

"Peki, Allah Teâlâ'nın: 'O sizinle beraberdir"[2] *sözüne ne dersin?"* deyince:

"Bu, senin bir kimseye, mektup yazıp, onun yanında olmadığın halde 'Ben seninle beraberim' demen gibidir" cevabını vermiştir.[3]

18. Ebu Hanîfe demiştir ki:

"Allah'ın eli, mü'minlerin ellerinin üzerindedir. Fakat bu el, kulların elleri gibi değildir."[4]

19. Ebu Hanîfe demiştir ki:

"Allah Teâlâ yerde değil, göktedir." Bunun üzerine adamın birisi: *"Peki, Allah Teâlâ'nın: "O sizinle beraberdir"*[5] *sözüne ne dersin?"* deyince: *"Bu,*

---

[1] el-Fıkhu'l-Ebsat, sh: 46.Şeyhul-İslâm İbn-i Teymiyye, "Mecmûu'l-Fetâvâ" adlı eserinde (c:5, sh:48), İbn-i Kayyim, "İctimau'l-Cuyûşi'l-İslâmiyye' adlı eserinde (sh:139), Zehebî, 'Uluv' adlı eserinde (sh:101-102), İbn-i Kudâme, 'Uluv' adlı eserinde (sh:116), İbn-i Ebi'l-İzz, 'Şerhu'l-Akîdetu't-Tahâviyye' adlı eserinde (sh:301) bu gibi şeyler nakletmişlerdir.
[2] Hadîd Sûresi: 4.
[3] el-Esma ve's-Sıfat, sh: 429.
[4] el-Fıkhu'l-Ebsat, sh: 56
[5] Hadîd Sûresi: 4.

senin bir kimseye, mektup yazıp, onun yanında olmadığın halde, 'Ben seninle beraberim' demen gibidir" cevabını vermiştir. [1]

20. Ebu Hanîfe demiştir ki:

"Allah Teâlâ, Musa ile konuşmadan önce de konuşan(mütekellim) idi." [2]

21. Ebu Hanîfe demiştir ki:

"Allah, kendi kelâmıyla konuşur. Kelâm O'nun ezeli sıfatıdır." [3]

22. Ebu Hanîfe demiştir ki:

"Allah Teâlâ konuşur, fakat bizim konuşmamız gibi değildir." [4]

23. Ebu Hanîfe demiştir ki:

"Musa -aleyhisselâm- Allah Teâlâ'nın kelâmını işitmiştir.

Nitekim Allah Teâlâ bu konuda şöyle buyurmuştur:

"Allah, Musa ile gerçekten (aracısız) **konuştu."** [5]

Allah Teâlâ, Musa ile konuşmadan önce de konuşan (mütekellim) idi." [6]

24. Ebu Hanîfe demiştir ki:

"Kur'an, mushaflarda yazılmış, kalplerde korunmuş, dillerde okunmuş ve Nebi -sallallahu aleyhi ve sellem-'e indirilmiş olan Allah Teâlâ'nın kelâmıdır." [7]

25. Ebu Hanîfe demiştir ki:

---

[1] el-Esma ve's-Sıfat, c: 2, sh: 170.
[2] el-Fıkhu'l-Ekber, sh: 302.
[3] el-Fıkhu'l-Ekber, sh: 301.
[4] el-Fıkhu'l-Ekber, sh: 302.
[5] Nisâ Sûresi: 164.
[6] el-Fıkhu'l-Ekber, sh: 302.
[7] el-Fıkhu'l-Ekber, sh: 301.

"Kur'an, yaratılmış (mahluk) değildir."[1]

b) Ebu Hanife'nin kader hakkındaki görüşleri:

1. Adamın birisi Ebu Hanife'ye gelerek onunla kader hakkında tartışmaya başladı.

Ebu Hanife ona:

---

[1] el-Fıkhu'l-Ekber, sh: 301.

"Kadere çok dalan, tıpkı güneşin içine baktıkça şaşkınlığı artan kimse gibi olduğunu bilmez misin?" dedi.[1]

2. Ebu Hanife der ki:

"Allah Teâlâ, daha olmadan önce var olacak şeyleri ezelde bilir."[2]

3. Ebu Hanîfe demiştir ki:

"Allah Teâlâ, olmayan şeyi olmadığı halinde de bilir. Onu var ettiği zaman onun nasıl olacağını da bilir. Allah Teâlâ var olan şeyi, varlığı halinde bildiği gibi, onun nasıl yok olacağını da bilir."[3]

4. Ebu Hanîfe der ki:

"Allah Teâlâ'nın (yazdığı) kader, Levh-i Mahfuz'dadır."[4]

5. Ebu Hanîfe demiştir ki:

'Biz, Allah Teâlâ'nın:

$$﴿ وَكُلُّ شَيْءٍ فَعَلُوهُ فِى ٱلزُّبُرِ ۝ وَكُلُّ صَغِيرٍ وَكَبِيرٍ مُّسْتَطَرٌ ۝ ﴾$$

[سورة القمر الآيتان: ٥٢-٥٣]

"Yaptıkları her şey kitaptadır. Küçük-büyük, her şey yazılmıştır."[5]

Emri gereği; "Allah Teâlâ'nın kaleme yazmasını emrettiğini, kalemin de:

-Ne yazayım ya Rab? dediğini, Allah Teâlâ'nın:

-Kıyâmet gününe kadar olacakları yaz" dediğini ikrar ederiz.[6]

---

[1] Kalâidu Ukûdi'l-İkyân, (K-77-B)
[2] el-Fıkhu'l-Ekber, sh: 302-303.
[3] el-Fıkhu'l-Ekber, sh: 302-303.
[4] el-Fıkhu'l-Ekber, sh: 302.
[5] Kamer Sûresi: 52-53.
[6] el-Vasiyye şerhi, sh:21.

6. Ebu Hanîfe demiştir ki:

"Dünya ve âhirette her şey, ancak O'nun dilemesi ile olur." [1]

7. Ebu Hanîfe demiştir ki:

"Allah Teâlâ, eşyayı yoktan yaratmıştır." [2]

8. Ebu Hanîfe demiştir ki:

"Allah Teâlâ yaratmadan önce de yaratıcıdır." [3]

9. Ebu Hanîfe demiştir ki:

"Kulun ameli, ikrarı ve bilgisiyle "mahluk/yaratılmış" olduğunu ikrar ederiz. Fâil mahluk olunca, fiillerinin de mahluk (yaratılmış) olması daha uygundur." [4]

10. Ebu Hanîfe demiştir ki:

"Kulların, hareket ve duruş gibi bütün fiilleri onların kesbidir. O fiilleri yaratan ise, Allah Teâlâ'dır. Onların hepsi, Allah Teâlâ'nın dilemesi, ilmi, kaza ve kaderi iledir." [5]

11. Ebu Hanîfe demiştir ki:

"Kulların, davranış ve duruş gibi, bütün fiilleri gerçekte onların kesbidir. Onları yaratan Allah Teâlâ'dır. Onların hepsi Allah Teâlâ'nın dilemesi, ilmi, kaza ve kaderi iledir. İtaat sayılan amellerin hepsi, Allah Teâlâ'nın emri, muhabbeti, rızası, ilmi, dilemesi, kazası ve takdiri iledir. Günahlar ise, hepsi O'nun ilmi, kazası, takdiri ve dilemesi ile olup, sevmesi, râzı olması ve emretmesi ile değildir." [6]

---

[1] el-Fıkhu'l-Ekber, sh: 302.
[2] el-Fıkhu'l-Ekber, sh: 302.
[3] el-Fıkhu'l-Ekber, sh: 304.
[4] el-Vasiyye şerhi, sh: 14.
[5] el-Fıkhu'l-Ekber, sh: 303.
[6] el-Fıkhu'l-Ekber, sh: 303.

12. Ebu Hanîfe demiştir ki:

"Allah Teâlâ insanları, küfür ve îmândan uzak bir şekilde yarattı.[1] *Sonra onlara hitap ederek emredeceğini emretmiş ve yasaklayacağını da yasaklamıştır. Kâfir, Allah Teâlâ'nın kendisini yüzüstü bırakması sebebi ile kendi fiili ile hakkı reddedip inkar etmiş ve kâfir olmuştur. Îmân eden ise, kendi fiili, ikrarı ve Allah Teâlâ'nın muvaffakiyeti ve yardımı ile îmân etmiştir."*[2]

13. Ebu Hanîfe demiştir ki:

"Allah Teâlâ insanları, Adem -aleyhisselâm-'ın sulbünden zerrecikler halinde çıkarmış, sonra onlara akıl vermiş ve kendilerine hitap ederek onlara îmân etmelerini emretmiş ve inkâr etmekten onları yasaklamıştır. Onlar da Allah Teâlâ'nın Rubûbiyetini ikrar etmişlerdir. Bu ise, onların Allah'a olan îmânları idi. Onlar bu fıtrat üzere doğarlar. Kim, bundan sonra inkâr ederse, verdiği sözü değiştirmiştir. Kim de îmân edip tasdik ederse, bu îmân üzere sebât gösterir ve öyle devam eder."[3]

14. Ebu Hanîfe demiştir ki:

"Her şeyi takdir edip onlara birer ölçü tayin eden Allah Teâlâ'dır. Dünya ve âhirette olan her şey, ancak O'nun dilemesi, ilmi, kazası, kaderi, ilmi ve Levh-i Mahfuz'da yazması iledir."[4]

15. Ebu Hanîfe demiştir ki:

"Allah Teâlâ, kullarından hiçbirini ne küfre, ne de îmâna zorlamıştır. Fakat onları şahıslar olarak yaratmıştır. Küfür ve îmân, kullarının fiilleridir. Allah Teâlâ

---

[1] Doğru olan, Allah Teâlâ insanları İslâm fıtratı üzere yaratmıştır. Nitekim Ebu Hanife ileride gelecek olan sözünde bunu açıklayacaktır.

[2] el-Fıkhu'l-Ekber, sh: 302-303.

[3] el-Fıkhu'l-Ekber, sh: 302.

[4] el-Fıkhu'l-Ekber, sh: 302.

küfre girenin küfre girdiği anda kâfir olduğunu bilir. Eğer bundan sonra îmân ederse, Allah Teâlâ onu mü'min olarak bilir ve ilmi değişmeksizin onu sever." [1]

c) Ebu Hanife'nin îmân hakkındaki görüşleri:

1. Ebu Hanîfe demiştir ki:

"Îmân, ikrar ve tasdiktir." [2]

2. Ebu Hanîfe demiştir ki:

"Îmân, dil ile ikrar, azalar ile tasdiktir. İkrar, yalnız başına îmân olmaz." [3]

Tahâvî, bunu Ebu Hanife, Muhammed ve Ebu Yusuf'tan nakletmiştir. [4]

3. Ebu Hanîfe demiştir ki:

"Îmân, ne artar, ne de eksilir." [5]

Dedim ki: [6]

"Ebu Hanife'nin îmânın artmayıp eksilmeyeceğine dâir bu sözü ile îmânın tanımı konusundaki sözü ve îmânın azalarla tasdiki, dil ile ikrardan ibâret olması ve amelin îmân hakikatinden sayılmaması, Ebu Hanife'nin akîdesi ile Mâlik, Şâfiî, Ahmed b. Hanbel, İshâk b. Rahaveyh, Buhârî ve benzeri İslâm âlimlerinin akîdeleri arasındaki fark, işte bu noktadadır. Doğru, onlarla beraber olmuş, Ebu Hanife'nin bu sözü ise, doğrudan uzaktır. Fakat her iki halde de

---

[1] el-Fıkhu'l-Ekber, sh: 303.
[2] el-Fıkhu'l-Ekber, sh: 304.
[3] el-Vasiyye şerhi, sh:2.
[4] el-Akîdetu't-Tahâviyye şerhi, sh:360.
[5] el-Vasiyye şerhi, sh:3.
[6] Bu söz yazara âittir.

kendisi ecir kazanmıştır. İbn-i Abdilber ve İbn-i Ebil-İzz, Ebu Hanife'nin bu görüşünden döndüğünü belirtmişlerdir. Allah Teâlâ en iyi bilendir."[1]

d) Ebu Hanife'nin sahâbe hakkındaki görüşleri:

I. Ebu Hanîfe demiştir ki:

"Rasûlullah -sallallahu aleyhi ve sellem-'in ashâbını ancak hayırla yâd ederiz."[2]

2. Ebu Hanîfe demiştir ki:

"Rasûlullah -sallallahu aleyhi ve sellem-'in ashâbından olan hiç kimseden uzaklaşmayız, Hiçbirisini diğerinden daha fazla sevmeyiz (hepsini aynı severiz)."[3]

3. Ebu Hanîfe demiştir ki:

"Onlardan, Rasûlullah -sallallahu aleyhi ve sellem- ile bir saat beraber olan birisinin derecesi, bizden herhangi birisinin -ömrü ne kadar uzun olursa olsun- ömür boyu yapmış olduğu amelden daha hayırlıdır."[4]

4. Ebu Hanîfe demiştir ki:

---

[1] et-Temhid, İbn-i Abdilber, c: 9, sh: 247, el-Akîdetu't-Tahâviyye şerhi, sh: 395.
[2] el-Fıkhu'l-Ekber, sh: 304.
[3] el-Fıkhu'l-Ebsat, sh: 40
[4] Menâkibu Ebî Hanife, el-Mekkî sh:76

"Rasûlullah -sallallahu aleyhi ve sellem- sonra bu ümmetin en hayırlılarının Ebu Bekir, sonra Ömer, sonra Osman, daha sonra da Ali -Allah onlardan râzı olsun- olduğuna şâhitlik ederiz." [1]

5. Ebu Hanîfe demiştir ki:

"Rasûlullah -sallallahu aleyhi ve sellem-'den sonra insanların en faziletlilerinin Ebu Bekir, Ömer, Osman ve Ali olduğuna inanırız. Rasûlullah -sallallahu aleyhi ve sellem-'in bütün ashâbını, güzel bir şekilde yâd ederiz." [2]

e) Ebu Hanife'nin, kelâmı ve dînde tartışmayı yasaklaması:

I. Ebu Hanîfe demiştir ki:

"Basra'da hevâ ehli çoktur. Belki oraya yirmiden fazla gittim. Bazen bir yıl, bazen de daha fazla kaldım. Bu esnada kelâm ilmini, ilimlerin en hayırlısı zannederdim." [3]

2. Ebu Hanîfe demiştir ki:

"Ben kelâm ilmi ile o kadar uğraştım ki, nihayet parmakla gösterilir hâle geldim. Biz, Hammad b. Ebî Süleyman'ın meclisine yakın bir yerde oturuyorduk. Bu arada bir kadın gelip:

-Bir adam var. Câriyesini sünnete göre boşamak istiyor. Ne yapmalı? diye sordu. Ne diyeceğimi bilemedim. Kadının bunu Hammad'a sormasını, sonra da Hammad'ın ona ne cevap verdiğini gelip bana söylemesini istedim. Kadın aynı soruyu Hammad'a sorunca, Hammad'ın ona:

---

[1] el-Vasiyye şerhi, sh:14
[2] en-Nûru'l-Lâmi' (k 119 -b)
[3] Menâkibü Ebî Hanife, el-Kurdî, sh:137

-Cariyeyi temizken (hayızlı değilken) ve onunla birleşmeden onu bir talakla boşar. Sonra o câriye iki defa âdet olur da âdetten temizlenip yıkanırsa, başka bir erkekle evlenebilir" dediğini bana haber verdi. Bunun üzerine ben:

-Kelâm ilmine ihtiyacım yok dedim ve ayakkabımı alıp Hammad'ın ilim meclisine katıldım. "[1]

3. Ebu Hanîfe demiştir ki:

"Allah, Amr b. Ubeyd'e lânet etsin. O, insanlara faydası olmayan kelâma giden yolu açtı. "[2]

Bir adam Ebu Hanife'ye:

"İnsanlardan bazılarının 'Araz' (aslî olmayan ve özden kaynaklanma-yan şey) ve "Ecsam' (aklî delil) konusunda ihdas ettikleri sözlere ne dersin?" diye sorunca, Ebu Hanife:

-Bunlar felsefecilerin sözleridir. Sen hadis ehlinin ve selefin yolunu tut. Dînde sonradan uydurulan bütün yeniliklerden sakın. Çünkü onlar, bid'attir" dedi. [3]

4. Ebu Hanife'nin oğlu Hammad demiştir ki:

"Babam,kelâmcılardan bazıları yanımda iken bir gün yanıma geldi. Aramızda bir konuyu tartıştığımızdan dolayı seslerimiz yükselmişti. Onun eve girdiğini sezince yanına gittim.

Bana:

-Hammad! Yanında kim var? dedi.

-Ben de:

[1] Bağdad'ın Tarihi, 13/333
[2] Zemmu'l-Kelâm, el-Heravî, sh: 28-31
[3] Zemmu'l-Kelâm, el-Heravî, (194 /b)

-Falan, falan ve falan" diyerek yanımda olanların isimlerini söyledim. Peki neyi tartışıyorsunuz? dedi.

Ben de şu şu konuları tartışıyoruz dedim.

Bana:

-Ey Hammad! Kelâmı bırak, dedi.

Hammad diyor ki:

-Ben, babamın böyle karma karışık işlerle uğraştığını, onun bir şeyi önce emredip sonra ondan yasakladığını hiç görmedim.

Ona:

-Babacığım! Sen daha önceleri bana kelâm ilmini öğrenmemi emretmiyor muydun? dedim.

O da:

-Evet oğlum. Fakat bugün seni bundan yasaklıyorum, dedi.

Ben:

-Niçin? diye sordum.

-Ey oğlum, dedi.

Bugün bir konuda birbirlerine aykırı olarak gördüğün bu insanlar daha önceleri bir tek söz ve bir dîn üzere idiler. Daha sonra şeytan onların arasından bunu söküp aldı ve onun yerine aralarında düşmanlığı ve ayrılık tohumlarını yaydı ve birbirlerine ihtilaf etmeye başladılar."[1]

5. Ebu Hanife, Ebu Yusuf'a şöyle demiştir:

"Sakın ha! Halka dînlerinin aslını öğretirken kelâmdan söz etme. Zira onlar seni taklid eden bir topluluktur. Sonra bununla uğraşırlar."[2]

---

[1] Menâkibu Ebî Hanife, el-Mekkî, sh:183-184
[2] Menâkibu Ebî Hanife, el-Mekkî sh: 373

Bu sayılanlar, Ebu Hanife'nin -Allah ona rahmet etsin- dînin esasları ile ilgili meselelerde inandığı, kelâm ilmi ve kelâmcılar hakkındaki tutumunu gösteren bazı sözleridir.

3. BÖLÜM

İmam Mâlik b. Enes'in Akîdesi

a) İmam Mâlik b. Enes'in tevhîd hakkındaki görüşleri:

1. el-Heravî'nin İmam Şâfiî'den yaptığı bir rivâyete göre, İmam Mâlik'e kelâm ve tevhid hakkında sorulunca, şöyle cevap vermiştir:

"Nebi -sallallahu aleyhi ve sellem-'in, ümmetine istincayı öğretip de tevhîdi öğretmemiş olması imkânsızdır. Tevhîd, Nebi -sallallahu aleyhi ve sellem-'in:

-İnsanlarla (müşriklerle) 'lâ ilâhe illallah' deyinceye kadar savaşmakla emrolundum" dediği sözdür:[1]

---

[1] Buhârî, 'Kitâbu'z-Zekât, Zekâtın farz oluşu babı c.3, sh: 262 hadis:1399, Müslim, Kitâbu'l-Îmân, Lâ ilahe illallah, Muhammedun Rasûlullah deyinceye kadar insanlarla savaşmayı emretmenin gerektiği babı, c:1, sh: 51 hadis: 324, Nesâî, Kitabuz'-Zekât, Zekâtı engelleyen

"Mal ve can ancak tevhîdin hakikati ile korunabilir." [1]

2. Dârekutnî'nin Velid b. Müslim'den yaptığı rivâyette, Velid der ki:

"Mâlik'e; Sevrî, Evzâî ve Leys b. Sa'd'a sıfatlar hakkındaki haberleri sordum.

Dediler ki:

-Sıfatları olduğu gibi kabul edin." [2]

3. İbn-i Abdilber der ki:

"Mâlik'e:

-Allah âhirette görülür mü? Diye sordular.

Mâlik:

-Evet, dedi.

Nitekim Allah -azze ve celle- bu konuda şöyle buyuruyor:

﴿ وُجُوهٌ يَوْمَئِذٍ نَاضِرَةٌ ۝ إِلَى رَبِّهَا نَاظِرَةٌ ۝ ﴾ [سورة القيامة الآيتان :٢٢-٢٣]

"O gün Rablerine bakan pırıl pırıl parlayan yüzler vardır." [3]

Başka bir topluluk için ise şöyle demiştir:

﴿ كَلَّا إِنَّهُمْ عَن رَّبِّهِمْ يَوْمَئِذٍ لَّمَحْجُوبُونَ ۝ ﴾ [سورة المطففين الآية :١٥]

"Hayır, o gün onlar (kâfirler) Rablerini göremeyeceklerdir." [4], [1]

---

babı c:5, sh:14 hadis: 2443. Bütün rivâyetler, Ubeydullah b. Abdullah b. Utbe b. Mes'ud ve Ebu Hureyre'den rivâyet edilmiştir. Ebu Dâvûd, 'Kitâbu'l-Cihâd', Müşriklerle savaş edilir babı', c: 3, sh: 101, hadis: 2640 Ebu Sâlih, Ebu Hureyre'den rivâyet etmiştir.

[1] Zemmu'l-Kelâm, el-Heravî, (210-k)

[2] Bu eseri Dârekutnî 'Sıfatlar' aslı eserinde rivâyet etmiştir. sh:75, Âcurrî 'Şerîat' adlı eserinde rivâyet etmiştir. sh:314, Beyhakî 'İtikad' adlı eserinde rivâyet etmiştir. Sh: 118, İbn-i Abdilber ise 'Temhîd' adlı eserinde rivâyet etmiştir. c: 7, sh: 149

[3] Kıyâme Sûresi: 22-23

[4] Mutaffifîn Sûresi: 15

Kadı İyâd, 'Tertibu'l-Medârik' adlı eserinde[2] İbn-i Nâfi'[3] ve şöyle rivâyet etmiştir:

"Biri diğerine geçiyor ey Abdullah'ın babası!" dediler. "O gün Rablerine bakan pırıl pırıl parlayan yüzler vardır."[5] Allah'a bakarlar mı?" Mâlik: "Evet. Bu iki gözleriyle bakarlar" dedi. Ona dedim ki: Bazı kimseler: Onlar Allah'a bakamazlar. Âyette geçen "nâzirah" (bakan) sözü, Rablerinin sevabını bekleyen anlamındadır, diyorlar. Bunun üzerine Malik: "Onlar yalan söylüyorlar" dedi. "Musa -aleyhisselâm-'ın sözünü duymadın mı? O, Rabbine: "Ey Rabbim! Bana göster, sana bakayım"[6] demedi mi? Sen Musa'nın, Rabbine, olması mümkün olmayan bir şeyi mi sorduğunu zannediyorsun? Allah Teâlâ ona: "Beni asla göremeyeceksin"[7] derken, yani dünyada göremeyeceksin. Çünkü dünya hayatı fânidir. Bâki olana, fani olan ile bakılmaz. Bekâ yurdu olan âhirete gittiklerinde bâki kalacak olan ile bâki olana bakarlar.

Nitekim Allah Teâla şöyle buyurmaktadır:

$$﴿ كَلَّا إِنَّهُمْ عَن رَّبِّهِمْ يَوْمَئِذٍ لَّمَحْجُوبُونَ ۝ ﴾ [سورة المطففين الآية: ١٥]$$

"Hayır, o gün onlar (kâfirler) Rablerini göremeyeceklerdir."[8]

---

[1] el-İntikâ, sh: 36

[2] c.2, sh: 42

[3] İmam Malik'ten İbn-i Nâfi' adıyla rivâyette bulunan iki kişi vardır. Biricisi Abdullah b. Nâfi' b. Sâbit ez-Zubeyrî Ebu Bekr el-Medenî'dir. İbn-i Hacer onun hakkında şöyle der: 'Sadûk (çok doğru sözlüdür). Hicretin. 216. yılında vefat etmiştir. Diğeri ise Abdullah b. Nâfî b. Ebi Nâfî el-Mahzûmî onları kölesi olan Ebu Abdullah el-Medeni'dir. İbn-i Hacer onun hakkında şöyle der: "Sikadır. Hicretin 206. yılında vefât etmiştir." Takrîbu't-Tehzîb, c:1, sh: 455-456 ve Tehzibu't-Tehzib, c:6, sh: 50-51

[4] Eşheb b. Abdülaziz b. Davud el-Kaysi Ebu Ömer et-Mısri'dir. İbn-i Hacer onun hakkında şöyle demiştir: "Sika ve fakihtir, hicretin 204. yılında vefât etmiştir." Takrîbu't-Tehzîb, c:1, sh: 80 ve Tehzibu't-Tehzib, c: 1, sh: 359.

[5] Kıyâmet Sûresi: 22-23

[6] A'râf Sûresi: 143

[7] A'râf Sûresi: 143

[8] Mutaffifîn Sûresi: 15

4. Ebu Nuaym, Ca'fer b. Abdullah'tan şöyle rivâyet etmiştir:

"Biz, Malik b. Enes'in yanındaydık.Bir adam gelip: Ey Abdullah'ın babası! 'Rahman arş üzere istivâ etti' ne demektir? Allah arşa nasıl istivâ eder?" diye sordu, İmam Malik bu soru üzerine çok öfkelendi. Yere bakarak elindeki bir çöple yeri eşelemeye başladı. Ter içerisinde kalmıştı. Sonra başını kaldırarak elindeki çöpü attı ve: İstivânın nasıl olduğuna akıl erdirilemez, istivâ Allah için malumdur. Buna îmân farz, hakkında soru sormak ise bid'attir. Seni de bir bid'at sahibi olarak görüyorum' dedi. Daha sonra da adamın huzurundan çıkarılmasını emretti ve adam huzurundan çıkarıldı."[1]

5. Ebu Nuaym, Yahya b. Râbi'den şöyle rivâyet etmiştir:

"Ben Mâlik b. Enes'in yanındaydım.

Bir adam gelip:

-Ey Abdullah'ın babası! 'Kur'an yaratılmıştır' diyenler hakkında ne dersin?" diye sordu.

Mâlik:

-O zındıktır. Onu öldürün, dedi.

Adam:

-Ey Abdullah'ın babası! Ben yalnızca duyduğum bir sözü söylüyorum, deyince Malik:

-Ben, bu sözü senden başka hiç kimseden duymadım, diyerek onun sözünü çok büyük günah olarak yorumladı."[2]

---

[1] el-Hilye, c: 6, sh: 325-326. es-Sâbuni, Akidetu's-Selef Ashâbi'l-Hadis'te, sh: 17-18 Cafer b. Abdulah yoluyla, Malik'ten ve İbn-i Abdilber, Temhid'de, c: 7, sh: 151, Abdullah b. Nâfi' yoluyla Malik'ten, Beyhaki, el-Esma ves-Sıfat'ta, sh: 408 Abdullah b.Vehb yoluyla İmam Malik'ten, İbn-i Hacer, Fethu'l-Bârî'de, c: 13, sh: 406-407, İsnadı ceyyid (iyi)dir. İmam Zehebî de el-Uluvv, s: 103'de sahih olduğunu belirtmiştir.

[2] el-Hilye, c: 6, sh: 325

el-Lâlekâi, Usulü İ'tikadi Ehli's-Sünneti ve'l-Cemaati Şerhi. c: I, sh: 249 Ebu Muhammed Yahya b. Halef yoluyla imam Malik'ten rivâyet etmiştir.

6. İbn-i Abdilber, Abdullah b. Nâfi'den şöyle rivâyet etmiştir:

"Malik b. Enes diyordu ki:

-Kim Kur'an yaratılmış (mahluk) derse, dövülür ve tevbe edinceye kadar hapsedilir." [1]

7. Ebu Davud, Abdullah b. Nâfi'den şöyle rivâyet etmiştir:

"Mâlik: Allah semâdadır, ilmi ise her yerdedir, derdi." [2]

b) İmam Mâlik b. Enes'in kader hakkındaki görüşleri:

1. Ebu Nuaym, İbn-i Vehb'den[3] şöyle rivâyet etmiştir:

Kadı İyâd, Tertibu'l-Medârik, c: 2, sh: 44

[1] el-İntika, sh: 35

[2] Ebu Davud, 'Mesâilu'l-İmam Ahmed', sh: 263'de, İmam Ahmed'in oğlu Abdullah 'es-Sünneh', (eski baskı) s: 11'de ve İbn-i Abdilber 'et-Temhîd', c: 7, sh: 138 rivâyet etmişlerdir.

[3] Abdullah b. Vehb el-Kuraşî, Kureyş kabilesinin Mısırlı bir kölesidir.İbn-i Hacer onun hakkında şöyle demiştir: "Fakih ve sika, hâfız ve âbiddir.Hcretin 197. yılında vefat etmiştir. Takrîbu't-Tehzîb, c: 1, sh: 138

"Mâlik'i bir adama şöyle derken işittim: 'Dün bana kader hakkında sormuştun.'

Adam:

-Evet dedi.

Bunun üzerine Mâlik:

﴿ وَلَوْ شِئْنَا لَآتَيْنَا كُلَّ نَفْسٍ هُدَىٰهَا وَلَٰكِنْ حَقَّ ٱلْقَوْلُ مِنِّي لَأَمْلَأَنَّ جَهَنَّمَ مِنَ ٱلْجِنَّةِ وَٱلنَّاسِ أَجْمَعِينَ ۞ ﴾ [سورة السجدة الآية ١٣:]

"Eğer dileseydik her nefse hidâyetini verirdik. Fakat hem cinlerden ve hem de insanlardan bir kısmıyla topluca cehennemi dolduracağım' diye benden kesin söz çıkmıştır."[1]

Âyetini okudu ve: "Allah'ın dediği mutlaka olacaktır, dedi."[2]

2. Kadı İyâd şöyle demiştir:

"İmam Mâlik'e, Kaderîye'nin kimler olduğu sorulduğunda: 'Allah günahları yaratmamıştır' diyenlerdir, dedi. Başka bir defasında yine Kaderiye hakkında sorulduğunda: 'Onlar, güç ve kudretin kendilerinde olduğunu, dilerlerse itaat edeceklerini ve dilerlerse de Allah'a isyan edebileceklerini söyleyenlerdir,' dedi."[3]

3. İbn-i Ebî Âsım, Said b. Abdulcebbar'dan şöyle rivâyet etmiştir:

"Mâlik b.Enes'i şöyle derken işitim:Kaderciler hakkındaki görüşüm; tevbe etmeleri dilenir.Tevbe etmedikleri takdirde ise öldürülürler."[4]

4. İbn-i Abdilber şöyle demiştir:

---

[1] Secde Sûresi: 13

[2] el-Hilye, c: 6, sh: 326.

[3] Kadı İyad, Tertibu'l-Medarik, c: 2, sh: 48.Usulu İ'tikâdi Ehlis-Sünneti ve'l-Cemaa, c: 2, sh: 701'e bakınız.

[4] İbn-i Ebî Âsım, es-Sunne, c: 1,sh:87-88. Ebu Nuaym, el-Hilye,c: 6, sh: 326

"Mâlik: Kadercilerden başka saçmalayan, tutarsız davranan ve aptal hiç kimseyi görmedim, derdi." [1]

5.İbn-i Ebî Âsım, Mervan b. Muhammed et-Tâtarî'den şöyle rivâyet etmiştir:

"Mâlik b. Enes'e mü'min bir kadının Kaderiye fırkasına mensup birisiyle evlendirilmesi hakkında sorulduğunda,Malik: 'Mü'min bir köle, müşrikten mutlaka daha hayırlıdır [2] *âyetini okudu."* [3]

6. Kadı İyad şöyle demiştir:

"Mâlik: Bid'atına çağıran Kaderînin, Hâricînin ve Râfizînin şâhitliği câiz değildir, demiştir." [4]

7. Kadı İyâd şöyle demiştir:

"Mâlik'e: Kaderciler hakkında, onların sözlerinden uzak duralım mı? diye sorulduğunda, şöyle cevap vermiştir: Bir kimsenin kaderiye mensubu olduğunu bilirse, onun sözünden uzak durur."

Başka bir rivâyette şöyle demiştir:

"Onların arkasında namaz kılınmaz,onlardan hadis kabul edilmez. Eğer onları bir gedikte bulursanız, onları oradan çıkarın." [5]

c) İmam Mâlik b. Enes'in îmân hakkındaki görüşleri:

---

[1] el-İntikâ, sh: 34.
[2] Bakara Sûresi: 221
[3] İbn-i Ebî Âsım, es-Sunne c: 1, sh: 88, el-Hilye, c: 6, sh: 326
[4] Kadı İyad, Tertibu'l-Medârik, c: 2, sn: 47
[5] Kadı İyad, Tertibu'l-Medârik, c: 2, sn: 47

1. İbn-i Abdilber, Abdurrezzak b. Hemmam'dan şöyle rivâyet etmiştir:

"İbn-i Cureyc[1], Süfyan-ı Sevri, Ma'mer b.Râşid,Süfyan b.Uyeyne ve Mâlik b. Enes'i: 'Îmân, söz ve ameldir, artar ve eksilir' derlerken işittim."[2]

2. Ebu Nuaym, Abdullah b. Nâfi'den şöyle rivâyet etmiştir:

"İmam Mâlik b. Enes: 'Îmân, söz ve ameldir', derdi."[3]

3. İbn-i Abdilber, Eşhed b. Abdülaziz'den şöyle rivâyet etmiştir:

"Mâlik dedi ki: Sahâbe, on altı ay Beytu'l-Makdis'e doğru namaz kıldılar. Sonra Kâbe'ye yönelmekle emrolundular. Allah Teâlâ onların kılmış oldukları namaz için: 'Allah sizin îmânınızı zâyi edecek değildir[4] *âyetini indirdi.Yani; Beytu'l-Makdis'e doğru kıldığınız namazı zâyi edecek değildir, buyurdu. Mâlik ardından şöyle dedi: Ben bununla Mürcie fırkasının 'namaz, îmândan değildir' sözünü hatırlıyorum."*[5]

---

[1] Abdullah b. Abdulaziz b. Cureyc er-Rûmî el-Emevîdir. Mekkeli kölesidir.
İmam Zehebî onun hakkında şöyle demiştir: "İmam, hâfız ve Harem'in fakîhidir.Künyesi: Ebu'l-Velid'dir.Hicretin 150. yılında vefat etmiştir. Tezkiratu'l-Huffâz, c: 1, sh: 169. Bağdad'ın Tarihi, c:10, sh: 400'e bakınız.
[2] el-Intikâ, sh: 34
[3] el-Hilye, c: 6, sh: 327
[4] Bakara Sûresi: 143
[5] el-Intikâ, sh: 34

d) İmam Mâlik b. Enes'in sahâbe hakkındaki görüşleri:

1. Ebu Nuaym, Abdullah el-Anberî'den şöyle rivâyet etmiştir:

"Mâlik b. Enes demiştir ki:

-Kim, Allah'ın elçisinin ashâbından birisini hor görür veya kalbinde onlara karşı bir kin duyarsa, o kimse için müslümanların eline geçen ganimetten hiçbir hakkı yoktur. Sonra şu âyeti okudu:

$$ ﴿ وَٱلَّذِينَ جَآءُو مِنْ بَعْدِهِمْ يَقُولُونَ رَبَّنَا ٱغْفِرْ لَنَا وَلِإِخْوَانِنَا ٱلَّذِينَ سَبَقُونَا بِٱلْإِيمَانِ وَلَا تَجْعَلْ فِي قُلُوبِنَا غِلًّا لِّلَّذِينَ ءَامَنُوا۟ رَبَّنَآ إِنَّكَ رَءُوفٌ رَّحِيمٌ ۞ ﴾ $$

[سورة الحشر الآية: ١٠]

"Onların (Ensâr ve Muhâcirlerin) **arkasından gelen** (mü'min)ler, **ey Rabbimiz! Bizi ve îmânda bizi geçen kardeşlerimizi bağışla. Kalplerimizde îmân edenlere karşı hiçbir kin** (ve haset) **bırakma. Ey Rabbimiz! Şüphesiz sen** (kullarına) **çok şefkatlisin,** (onlara) **çok merhametlisin, derler."**[1]

2. Ebu Nuaym, Zubeyr b. Avvâm'ın oğullarından[2] birisinden şöyle rivâyet etmiştir:

"Biz, İmam Mâlik'in yanındaydık. Rasûlullah'ın ashâbını hor gören ve küçümseyen birinden söz ettiler. Bunun üzerine o şu âyeti okudu:

$$ ﴿ مُّحَمَّدٌ رَّسُولُ ٱللَّهِ وَٱلَّذِينَ مَعَهُ أَشِدَّآءُ عَلَى ٱلْكُفَّارِ رُحَمَآءُ بَيْنَهُمْ تَرَىٰهُمْ رُكَّعًا سُجَّدًا يَبْتَغُونَ فَضْلًا مِّنَ ٱللَّهِ وَرِضْوَٰنًا سِيمَاهُمْ فِي وُجُوهِهِم مِّنْ أَثَرِ ٱلسُّجُودِ ذَٰلِكَ مَثَلُهُمْ فِي ٱلتَّوْرَىٰةِ وَمَثَلُهُمْ فِي ٱلْإِنجِيلِ كَزَرْعٍ أَخْرَجَ شَطْـَٔهُ فَـَٔازَرَهُ فَٱسْتَغْلَظَ $$

---

[1] Haşr Sûresi: 10

[2] Zubeyr b. Avvâm'ın oğullarından İmam Mâlik'ten ders alan ve ondan işiten kimse, Abdullah b. Nâfi' b. Sâbit b. Abdullah b. Zubeyr b. Avvâm'dır. Bu şahsın biyografisi daha önce geçmişti. Mus'ab b. Abdullah b. Mus'ab'ın biyografisi ise ileride gelecektir.

فَٱسْتَوَىٰ عَلَىٰ سُوقِهِۦ يُعْجِبُ ٱلزُّرَّاعَ لِيَغِيظَ بِهِمُ ٱلْكُفَّارَۗ وَعَدَ ٱللَّهُ ٱلَّذِينَ ءَامَنُواْ وَعَمِلُواْ ٱلصَّٰلِحَٰتِ مِنْهُم مَّغْفِرَةً وَأَجْرًا عَظِيمًا ۝ ﴾ [سورة الفتح من الآية :٢٩]

"Muhammed, Allah'ın elçisidir. Beraberinde olanlar da kâfirlere karşı çetin,kendi aralarında merhametlidirler.Onları, (namazlarında) rükûya varırken, secde ederken görürsün. Onlar, Allah'tan bir lütuf ve hoşnutluk ümit ederler. (Allah'a itaatlerinin) belirtileri, yüzlerindeki secde izindendir.Onların Tevrat'taki vasıfları budur. İncil'deki vasıfları da şöyledir: Onlar, filizini yarıp çıkarmış, gittikçe onu kuvvetlendirerek kalınlaşmış, gövdesi üzerine dikilmiş bir ekine benzer ki bu, ekicilerin de hoşuna gider. Allah, böylelikle onları (mü'minleri) çoğaltıp kuvvetlendirmekle kâfirleri öfkelendirir. "[1]

Ardından İmam Mâlik şöyle dedi:

-Kalbinde Rasûlullah -sallallahu aleyhi ve sellem-'in ashâbından herhangi birisine kin besleyen kimseye, bu âyetin hükmü isâbet etmiştir. "[2]

3. Kadı İyad, Eşheb b. Abdülaziz'den şöyle rivâyet etmiştir:

"Biz, Mâlik'in yanında oturuyorduk. Bir de baktım ki Alevîlerden bir adam onun yanı başına gelip dikildi. Alevîler onun meclisine gelirlerdi.

Adam:

-Ey Abdullah'ın babası! dedi.

Mâlik sesin geldiği yöne döndü. Biri onu çağırdığında genellikle başını çevirerek ona bakardı.

Adam ona dedi ki:

-Ben seni kendimle Allah arasında hüccet kılmak istiyorum. Yarın O'nun huzuruna çıktığımda bunu bana Mâlik söyledi diyeceğim, dedi.

Bunun üzerine Malik ona:

---

[1] Fetih Sûresi: 29
[2] el-Hilye, c: 6, sh: 327

-Konuş, dedi.

Adam:

-Rasûlullah -sallallahu aleyhi ve sellem-'den sonra insanların en hayırlısı kimdir? dedi.

Mâlik:

-Ebu Bekir, dedi.

Alevî:

-Sonra kim? dedi.

Mâlik:

-Sonra Ömer, dedi.

Alevî:

-Daha sonra kim? dedi.

Mâlik:

-Mazlum olarak öldürülen Osman, dedi.

Bunun üzerine Alevî:

-Allah'a yemin olsun ki seninle asla bir mecliste oturmayacağım, dedi.

Malik de ona:

-Sen bilirsin, diye karşılık verdi."[1]

---

[1] Kadı İyad, Tertibu'l-Medârik, c: 2, sn: 44-45

d) İmam Mâlik b. Enes'in kelâmdan ve dînde tartışmalardan sakındırması:

1. İbn-i Abdilber, Mus'ab b. Abdullah ez-Zubeyri'den[1] şöyle rivâyet etmiştir:

"Mâlik b. Enes şöyle derdi:

-Dînde kelâmdan nefret ederim. Belde halkımız da Cehmiyye, Kaderiye ve onlara benzeyen kimselerin fikirleri gibi, kelâmdan nefret etmeye ve insanları kelâmdan alıkoymaya devam etmişlerdir. Ameli gerektirmeyen bir şeyin konuşulması gereksizdir.Allah'ın dîninde ve Allah -azze ve celle- hakkında kelâmı ihdas etmek yerine bu konuda konuşmamak benim için daha sevimlidir.Çünkü benim bulunduğum belde halkı, dînde yararı olmayan sözlerden insanları alıkoyduklarını gördüm."[2]

2. Ebu Nuaym, Abdullah b. Nâfi'den şöyle rivâyet etmiştir:

"Mâlik'i şöyle derken işittim:

-Bir kimse Allah'a ortak koşmanın dışında bütün büyük günahları işlese, sonra bu hevâ ve bid'atların hepsinden vazgeçerse, (bu arada kelâmı da saydı) cennete girer."[3]

3. el-Herevi, İshak b. İsa'dan[4] şöyle rivâyet etmiştir:

"Mâlik şöyle demiştir:

---

[1] Medine'li Esed oğulları kabilesinden, sonra Bağdat'a yerleşen, Zübeyr b. Avvâm'ın oğlu, Abdullah'ın oğlu, Sâbit'in oğlu, Mus'ab'ın oğlu, Abdullah'ın oğlu Mus'ab'dır. İbn-i Hacer onun hakkında şöyle demiştir: 'Sadûk (çok doğru sözlü) ve neseb ilminde âlim birisidir.Hicretin 236. yılında vefat etmiştir.Takrîbu't-Tehzîb, c:2,sh:252, Biyografisi için bknz: Tehzîbu't-Tehzîb, c:10,sh:162.

[2] Camiu Beyani'l-İlmi ve Fadlihi, sh: 415.

[3] el-Hilye c. 6, sh. 325.

[4] O, Bağdatlı Necîh oğlu, İsa oğlu, İshak'tır.İbn-i Hacer onun hakkında şöyle demiştir: 'Sadûktur.Hicretin 214.yılında vefat etmiştir. Takrîbu't-Tehzîb, c:1,sh:60 Biyografisi için bknz: Tehzîbu't-Tehzîb, c:1,sh:245

-Kim, kelâm ile dîni öğrenmek isterse, zındık olur. Kim, kimya ile mal sahibi olmak isterse, iflas eder. Kim de hadisin garibini elde etmek isterse, yalancı olur."[1]

4. el-Hatib, İshak b. İsa'dan şöyle rivâyet etmiştir:

"Mâlik'in dînde tartışmayı ayıplarken şöyle dediğini işittim:

-Bize ne kadar tartışmacı kimse geldiyse, bizden, Cebrâil'in, Nebi -sallallahu aleyhi ve sellem-'e getirmiş olduğu şeye geri çevirmemizi istemiştir."[2]

5. el-Herevi, Abdurrahman b. Mehdî'den şöyle rivâyet etmiştir:

"Mâlik'in huzuruna girdiğimde bir adam ona soru soruyordu. Mâlik ona:

-Herhalde sen Amr b. Ubeyd'in adamlarındansın. Allah, Amr b. Ubeyd'e lânet etsin. O, dînde kelâm bid'atini icâd etti. Eğer kelâm bir ilim olsaydı, sahâbe, dînin hükümleri hakkında konuştukları gibi, bu konuda da konuşurlardı."[3]

6. el-Herevi, Eşheb b. Abdulaziz'den şöyle rivâyet etmiştir.

"Mâlik'i şöyle derken işittim:

-Bid'atlardan sakının.

Bunun üzerine:

-Ey Abdullah'ın babası! Bid'atlar nelerdir? diye sordular.

Bunun üzerine o şöyle dedi:

---

[1] Zemmu'l-Kelâm, K 173 -A
[2] Şerefu Ashâbi'l-Hadis, sh: 5
[3] Zemmu'l-Kelâm, K 173 -B

-Bid'at ehli, Allah'ın isimleri ve sıfatları, kelâmı, ilmi ve kudreti hakkında konuşup sahâbe ve onlara güzellikle uyanların sustukları konularda susmayanlardır."[1]

7. Ebu Nuaym, Şâfiî'den şöyle rivâyet etmiştir:

"Mâlik'e hevâ ehlinden bazı kimseler geldiği zaman onlara şöyle demişti.

-Ben, Rabbim ve dînim konusunda apaçık bir delil üzere değil miyim? Sen ise, dîninde şüphe sahibisin. O halde dînde şüphe sahibi birisinin yanına git ve onunla tartış."[2]

8. İbn-i Abdilber, Mısırlı Mâlikî mezhebi mensubu Ahmed b. Huveyz b. Mindaz'dan rivâyet ettiğine göre, o Kitabu'l-İcârât'ın Hilâf bölümünde şöyle demiştir:

"Mâlik dedi ki:

-Hevâ, bid'at ve yıldız falcılarının kitaplarının kiralık verilmesi câiz değildir. Hevâ ve bid'at ehlinin kitapları, bizim ashâbımızın yanında Mu'tezile ve benzerleri kelâmcıların kitaplarıdır. Bu kitaplar kiraya verilmişse, kira akdi feshedilir."[3]

---

[1] Zemmu'l-Kelâm, K 173 -A
[2] el-Hilye c. 6, sh. 324
[3] Câmiu Beyâni'l-İlmi ve fadlihi, sh: 416-417.

4. BÖLÜM

İmam Şâfiî'nin akîdesi

a) İmam Şâfiî'nin tevhîd hakkındaki görüşleri:

I. Beyhakî, Rabî' b. Süleyman'dan şöyle rivâyet etmiştir:

"Şâfiî dedi ki:

-Kim, Allah'ın isimlerinden birisiyle yemin eder de daha sonra yemininden dönerse, kendisine keffâret gerekir.Allah'tan başka bir şeye yemin ederse, meselâ bir adam Kâbe veya babası üzerine, eğer şöyle şöyle olursa diyerek yemin eder de sonra yeminden dönerse,kendisine keffâret gerekmez." Hayatım üzerine yemîn ederim ki..." demesi de böyledir. Allah'tan başkasıyla yemin mekruhtur.

Çünkü Rasûlullah -sallallahu aleyhi ve sellem- şöyle buyurmuştur:

$$((\ \text{أَلَا إِنَّ اللَّهَ يَنْهَاكُمْ أَنْ تَحْلِفُوا بِآبَائِكُمْ، مَنْ كَانَ حَالِفًا فَلْيَحْلِفْ بِاللَّهِ أَوْ لِيَصْمُتْ.)) [متفق عليه]}$$

"Dikkat edin! Allah, size babalarınızın adına yemîn etmenizi yasaklamaktadır. Kim, yemin etmek isterse, Allah'ın adıyla yemin etsin ya da sussun!"[1,2]

---

[1] Buhârî, 'Yemînler ve adaklar kitabı, Babalarınızın üzerine yemîn etmeyin bölümü': 11/530, Müslim, Yemînler kitabı, Allah'tan başkası adına yemîn etmenin yasak oluşu bölümü: 3/1266 hadis: 1646

[2] İmam Şâfiî'nin Menkıbeleri, c: 1, sh: 405

İmam Şâfiî bununla Allah'ın isimlerinin yaratılmış (mahluk) olmadığını açıklamak istemiştir. Kim, Allah Teâlâ'nın adıyla yemin eder de sonra bu yemininden dönerse, keffâret vermesi gerekir.[1]

2. İbn-i Kayyim, İctimâu'l-Cuyûşi'l-İslâmiyye'de Şâfiî'den onun şöyle dediğini rivâyet etmiştir:

"Benim üzerinde bulunduğum yol ile ashâbımızın üzerinde bulunduğu-nu gördüğüm yol, kendilerinden hadis aldığım Süfyân ve Mâlik gibilerinin yoludur. Buna göre; Allah'tan başka hak ilah yoktur ve Muhammed -sallallahu aleyhi ve sellem-'in O'nun elçisi olduğunu, Allah Teâlâ'nın gökte kendi arşının üzerinde olduğunu, kullarına dilediği gibi yaklaştığını ve Allah Teâlâ'nın dilediği gibi dünya semâsına indiğini ikrar etmektir."[2]

3. Zehebî, Muzenî'den şöyle rivâyet etmiştir:

"Eğer benim içimde Tevhîd hakkında bir düşünceyi çıkaracak olan birisi varsa, o da Şâfiî'dir. Onu görmek için Mısır'a gittiğimde, o bir mescitte idi. Karşısına oturduğumda içimden kendi kendime Tevhîd ile ilgili bir meseleyi tartışıyordum. Kendisine:

-Bunun ilmine senden başka birisinin sahip olduğunu zannetmiyorum, bana diyeceğin bir şey var mı? diye sordum.

Bunun üzerine Şâfiî bana kızarak:

-Sen, nerede olduğunu biliyor musun? dedi.

Ben de:

-Evet, dedim.

Sonra bana:

---

[1] İbn-i Ebî Hâtim , Âdâbu'ş-Şâfiî'de, sh: 193, Ebu Nuaym el-Hilye'de c:9, sh: 112-113, Beyhakî Sunen'ul-Kubrâ c:10, sh: 28 ve el-Esma ve's-Sıfat'ta. sh: 255-256, Beğavî Şerhu's-Sunne'de c: 1, şh: 188. Bknz: el-Uluvv, sh: 121 ve onun muhtasarı sh: 77

[2] İctimâu'l-Cuyuş'il-İslâmiyye, sh:165, İsbâtu Sıfati'l-Uluvv, sh: 124. Bknz: İbn-i Teymiyye Külliyâtı, c:4, sh:181-183, Zehebî'nin Uluvv Risâlesi, sh: 120 ile Elbânî'nin özetlediği bu kitabın muhtasarı sh: 176

-Sen Allah'ın, Firavun'u denizde boğduğu yerdesin. Rasûlullah -sallallahu aleyhi ve sellem-'in bu konuda soru sormayı emrettiğine dâir bir şey biliyor musun? dedi.

Ben:

-Hayır, dedim.

Devamla:

-Peki sahâbe bu konuda buna benzer bir şey konuştu mu? Dedi.

Ben yine:

-Hayır, dedim.

Sonra bana şöyle sordu:

-Gökteki yıldızların sayısı ne kadardır biliyor musun?

Ben:

-Hayır, dedim.

-Gezegenlerin cinsini, doğuşlarını, batışlarını ve neden yaratıldıklarını biliyor musun? diye sordu.

Ben:

-Hayır, dedim.

Bunun üzerine:

-Buna rağmen gözünle gördüğün yaratılanları bilemiyorsun da, onların yaratıcısı olan Allah'ın ilmi hakkında nasıl olur da konuşursun? dedi.

Daha sonra bana abdest hakkında bir meseleyi sordu. Hatalı cevap verince, o meseleyi dört kısma ayırdı, ama yine de hiç birisine doğru cevap veremedim.

Bunun üzerine bana şöyle dedi:

-Günde beş kez ihtiyacın olan şeyin ilmini bırakıyor da, içinden Allah'ın ilmi hakkında bir şeyler geçirip kendini bunu bilmeye zorluyorsun. Şu âyete dönüp düşünsene:

﴿ وَإِلَٰهُكُمْ إِلَٰهٌ وَاحِدٌ لَّآ إِلَٰهَ إِلَّا هُوَ الرَّحْمَٰنُ الرَّحِيمُ ۝ ﴾ [سُورَةُ الْبَقَرَةِ الْآيَةُ

[١٦٣:

"(Ey insanlar!) Sizin ilâhınız bir tek ilâh olan Allah'tır. O'ndan başka hak ilâh yoktur. O Rahmân ve Rahîm'dir."[1]

Yaratılmışlardan yola çıkarak, onları yaratanın varlığına delil getir. Aklının ermediği şeyin bilgisini elde etmek için boşuna uğraşma. " [2]

4. İbn-i Abdilber, Yunus b. Abdula'la'dan[3] şöyle rivâyet etmiştir:

"Şâfiî'yi şöyle derken işittim:

-Sen bir kimseyi: isim, isimlendirilenin gayrısıdır veya şey, şeyin gayrısıdır, derken duyarsan, onun zındık olduğuna şâhit ol. " [4]

5. İmam Şâfiî, Risâle adlı kitabında şöyle demiştir:

"Kullarının kendisini vasıflandırmalarının üzerinde kendisini vasfeden Allah'a hamdolsun. " [5]

6. Zehebî, İmam Şâfiî'nin şöyle dediğini rivâyet etmiştir:

"Kur'an ve sünnette gelen sıfatları ispat (kabul) eder, Allah'ın kendisinden teşbihi şu âyette reddettiği gibi, biz de teşbihi reddederiz.

﴿ ...لَيْسَ كَمِثْلِهِ شَيْءٌ وَهُوَ السَّمِيعُ الْبَصِيرُ ۝ ﴾ [سُورَةُ الشُّورَى مِنَ الْآيَةِ:١١]

---

[1] Bakara Sûresi: 163

[2] Siyeru A'lâmi'n-Nubelâ, c: 10, sh: 31.

[3] Yunus b. Abdula'la b. Meysera es-Sadefî es-Samrî'dir. İbn-i Hacer onun hakkında şöyle demiştir: "Sikadır ve onuncu devrenin küçük râvilerindendir.Hicretin 264.yılında vefat etmiştir. Takrîbu't-Tehzîb, c:2, sh: 385. Biyografisi için bknz: Şezerâtu'z-Zeheb, c:2, sh:149, İbn-i Hidâye, Tabekâtu'ş-Şâfiîyye, sh: 28

[4] el-İntikâ, sh: 79, İbn-i Teymiyye Külliyâtı, c:6, sh:187

[5] Risâle, sh: 7-8

"O'nun benzeri hiçbir şey yoktur. O, hakkıyla işiten ve görendir."[1],[2]

7. İbn-i Abdilber, Rabî' b. Süleyman'dan şöyle rivâyet etmiştir:

"Şafiî'nin, Allah -azze ve celle-'nin:

$$ ﴿ كَلَّا إِنَّهُمْ عَن رَّبِّهِمْ يَوْمَئِذٍ لَّمَحْجُوبُونَ ۝ ﴾ [سورة المطففين الآية: ١٥] $$

"Hayır, o gün onlar (kâfirler) Rablerini göremeyeceklerdir."[3]

Sözü hakkında şöyle dediğini işittim: Biz bununla anlıyoruz ki, bir topluluk (mü'minler), âhirette Rablerine bakacaklar ve O'nu görmekte birbirlerini sıkıştırmayacaklardır."[4]

8. el-Lâlkâî, Rabî' b. Süleyman'dan şöyle rivâyet etmiştir:

"Muhammed b. İdris eş-Şâfiî'nin yanına gitmiştim. O sırada kendisine -Mısır'ın- Saîd bölgesinden bir mektup gelmişti. O mektupta şunlar yazılıydı: Allah Teâlâ'nın:

$$ ﴿ كَلَّا إِنَّهُمْ عَن رَّبِّهِمْ يَوْمَئِذٍ لَّمَحْجُوبُونَ ۝ ﴾ [سورة المطففين الآية: ١٥] $$

"Hayır, o gün onlar (kâfirler) Rablerini göremeyeceklerdir."[5]

Sözü hakkında ne dersin?

Şâfiî bu soruya şöyle cevap verdi:

-O insanlar, gazaba getirdikleri için Allah'ı görmekten alıkonulunca, bu, O'nu râzı eden diğerlerinin -mü'minlerin- O'nu göreceğine delildir. Bunun üzerine Rabi':

-Ey Abdullah'ın babası! Sen de mi bu görüştesin? Deyince Şâfiî:

---

[1] Şûrâ Sûresi: 11

[2] Siyeru A'lâmi'n-Nubelâ, c:20, sh:341

[3] Mutaffifîn Sûresi: 15

[4] el-İntikâ, sh: 79

[5] Mutaffifîn Sûresi: 15

45

-Evet, ben de Allah'a böyle inanıyorum, dedi."[1]

9. İbn-i Abdilber, Cârûdî'den[2] şöyle rivâyet etmiştir:

"Şâfiî'nin yanında İbrahim b. İsmail b. Aliyye[3] adı anıldı.

Şâfiî:

-Ben ona her konuda muhalifim, dedi.

Sonra:

-Ben, La ilahe illallah sözünde de onun söylediği gibi söylemem. Ben perdenin ardından Musa ile konuşan La ilahe illallah'a inanırım. O ise, perde ardından Musa'ya işittirdiği kelâmı yaratan La ilahe illallah'a inandığını söylüyor."[4]

10. el-Lâlkâî, Rabî' b. Süleyman'dan şöyle rivâyet etmiştir:

"Şâfiî: Kim,'Kur'an mahluktur (yaratılmıştır)' **derse kâfir olur, derdi."**[5]

11. Beyhakî'nin Ebu Muhammed ez-Zubeyrî'den şöyle rivâyet etmiştir:

"Adamın birisi Şâfiî'ye:

-Bana Kur'an'dan haber verir misin? O yaratıcı mıdır? diye sordu.

---

[1] Şerhu Usûli i'tikâdi Ehlis-Sunneti ve'l-Cemaa, c:2, sh: 506

[2] Bu kimse, sanırım Musa b. Ebî'l-Cârûd'dur. İmam Nevevî onun hakkında şöyle demiştir: *"İmam Şâfiî'nin ashâbından ve kendisinden ilim alanlardandır. Ondan da başkaları ilim almıştır."*
İbn-i Hibetullah onun hakkında şöyle demiştir: *"Mekke'de İmâm Şâfiî'nin mezhebi üzere fetvâ verirdi. Ölüm tarihi bilinmemektedir."* Tehzîbu'l-Esmâi ve'lluğât, c:2, sh:120, İbn-i Hidâye, Tabekâtu'ş-Şâfiiyye, sh: 29

[3] İbrahim b. İsmail b. Aliyye'dir.Zehebî onun hakkında şöyle demiştir: *"Helâk olası Cehmiyye mezhebine mensup birisiydi.İnsanlarla tarttışır ve Kur'an'ın mahluk olduğunu söylerdi. Hicretin 218. yılında ölmüştür."* Mîzânu'l-İ'tidâl, c:1, sh:20, Biyografisi için bknz: Lisânu'l-Mîzân, c: 1, sh:34-35

[4] el-İntikâ, sh:79, Bu kıssayı, Hâfız İbn-i Hacer, Beyhakî'nin Şâfiî'nin Menkıbeleri adlı kitabında zikretmiştir. Lisânu'l-Mîzân, c:1, sh:35

[5] Şerhu Usûli İ'tikâdi Ehlis-Sunneti ve'l-Cemaa, c:1, sh: 252

Şâfiî:

-Hayır, diye cevap verdi.

Adam:

-Peki, o yaratılmış mıdır? dedi.

Şâfiî:

-Hayır, dedi.

Bunun üzerine adam:

-O yaratılmamıştır değil mi? deyince Şâfiî:

-Evet, dedi.

Adam:

-Öyleyse mahluk olmadığına delil nedir?

Şâfiî başını kaldırıp şöyle dedi:

-Kur'an'ın Allah kelâmı olduğunu ikrar ediyor musun?

Adam:

-Evet, dedi.

Şâfiî sonra şöyle devam etti:

-Şu söz, Allah'ın dediği gibi, tüm sözleri geçmiştir:

$$﴿ وَإِنْ أَحَدٌ مِنَ الْمُشْرِكِينَ اسْتَجَارَكَ فَأَجِرْهُ حَتَّى يَسْمَعَ كَلَامَ اللَّهِ ثُمَّ أَبْلِغْهُ مَأْمَنَهُ ذَلِكَ بِأَنَّهُمْ قَوْمٌ لَا يَعْلَمُونَ ۝ ﴾ [سورة التوبة الآية ٦:]$$

"(Ey Nebi!) Müşriklerden birisi sana sığınmak isterse, Allah'ın kelâmını (Kur'an-ı Kerim'i) işitip dinleyinceye kadar onu emniyet altına al. Sonra onu güven içinde geldiği yere ulaştır. İşte bu, onların (İslâm'ın hakikatini) bilmeyen bir topluluk olmalarından dolayıdır."[1]

$$\{ \ ...وَكَلَّمَ اللَّهُ مُوسَىٰ تَكْلِيمًا \ \textۖ ﴿١٦٤﴾ \ \} \ [\ سورة النساء من الآية: ١٦٤ \ ]$$

"Allah, Musa ile de bizzat (aracısız) konuştu"[2]

Daha sonra Şâfiî adama:

-Sen Allah'ın varlığına ve kelâmının olduğuna mı inanıyorsun, yoksa Allah'ın varolup kelâmının olmadığına mı inanıyorsun? diye sordu.

Adam:

-Allah vardır, kelâmı da vardır, dedi.

Bunun üzerine Şâfiî tebessüm ederek:

-Ey Kûfeliler! Siz Allah'ın her şeyden önce olduğunu ve O'nun kelâmı olduğunu ikrar ettiğiniz halde 'kelâm' ile cedel etmeniz ne kadar büyük bir hatadır. Kelâm Allah mıdır veya kelâm, Allah'tan başkası mıdır, yoksa Allah'ın dışında mıdır, yoksa nedir? deyince adam sustu, bir daha konuşmadı ve dışarı çıktı."[3]

12. İmam Şâfiî'ye nisbet edilen bir akîde risâlesinde (Ebu Talib el-İşârî'nin[4] rivâyetinden):

"Şâfiî'ye, Allah -azze ve celle-'nin sıfatları ve Allah'a nasıl îmân edilmesi gerektiği konusunda soruldu.

Şâfiî:

---

[1] Tevbe Sûresi: 6
[2] Nisâ Sûresi: 164
[3] Şâfiî'nin Menkıbeleri, c:1, sh: 407-408
[4] Muhammed b. Ali el-İşârî'dir. Sadûk olarak bilinen birisidir. Bkz. Zehebî, Mizânu'l i'tidâl. C. 3 sh. 656.

-Allah Teâlâ'nın isimleri ve sıfatları vardır. Bu, Kur'an ve Sünnette ümmete bildirilmiştir. Kur'an'ın Allah katından indirildiği konusunda kendisine bilgi ulaşan ve yine Rasûlullah -sallallahu aleyhi ve sellem-'in bir sözü sahih olarak kendisine sabit olan kimsenin bunların hilâfına konuşması, onu küfre götürür.Ancak kendisine hüccet ulaşmadan önce, delil olmadığından, cehâletinden dolayı ma'zur sayılır. Çünkü bunun ilmi ne akıl, ne rivâyet, ne de tefekkür ile elde edilir. Allah -azze ve celle-'nin haber verdiği gibi, O hakkıyla işitendir. O'nun eli vardır.

Nitekim bu konuda şöyle buyurmuştur:

$$\left\{ \text{... بَلْ يَدَاهُ مَبْسُوطَتَانِ ...} \right\} \left[\text{سورة المائدة من الآية: ٦٤} \right]$$

"Hayır, O'nun iki eli de açıktır."[1]

Allah -azze ve celle-'nin sağ eli vardır.

Nitekim bu konuda şöyle buyurmuştur:

$$\left\{ \text{... وَٱلسَّمَٰوَٰتُ مَطْوِيَّٰتٌ بِيَمِينِهِ ...} \right\} \left[\text{سورة الزمر من الآية: ٦٧} \right]$$

"Gökler, O'nun sağ elinde dürülmüş olacaktır."[2]

Allah -azze ve celle-'nin yüzü vardır.

Nitekim bu konuda şöyle buyurmuştur:

$$\left\{ \text{...كُلُّ شَيْءٍ هَالِكٌ إِلَّا وَجْهَهُ ...} \right\} \left[\text{سورة القصص من الآية: ٨٨} \right]$$

"Onun vechi (yüzü) dışında her şey yok olacaktır."[3]

$$\left\{ \text{وَيَبْقَىٰ وَجْهُ رَبِّكَ ذُو ٱلْجَلَٰلِ وَٱلْإِكْرَامِ} \right\} \left[\text{سورة الرحمن الآية: ٢٧} \right]$$

---

[1] Mâide Sûresi: 64
[2] Zümer Sûresi: 67
[3] Kasas Sûresi: 88

"Celâl ve ikram sahibi olan Rabbinin vechi (yüzü) kalıcıdır."[1]

Nebi -sallallahu aleyhi ve sellem-'in şu sözüyle Allah -azze ve celle-'nin ayağı vardır:

"Rab -azze ve celle- ayağını cehennemin üzerine koyuncaya kadar."[2]

Rasûlullah -sallallahu aleyhi ve sellem-'in Allah yolunda öldürülen sahâbi için:

"O, Allah -azze ve celle-'ye gülerken kavuştu"[3] demesi ve yine Rasûlullah -sallallahu aleyhi ve sellem-'in, Allah -azze ve celle-'nin her gece dünya semâsına indiğini haber vermesi, Deccal'den bahsederken: "Onun bir gözü kördür. Biliniz ki Rabbiniz bir gözü kör değildir"[4] demesi de böyledir..."

Mü'minler cennette, tıpkı dolunayı gözleriyle gördükleri gibi Rablerini göreceklerdir. Yine Rasûlullah -sallallahu aleyhi ve sellem-'in buyurduğu gibi, Allah -azze ve celle-'nin parmağı vardır: "Hiçbir kalp yoktur ki o, Allah -azze ve celle-'nin iki parmağı arasında olmasın.'[5]

Bu anlamların hepsi, Allah ve elçisinin vasıflandırmalarıdır ki, bunların hakikati tefekkür ve rivâyet ile anlaşılamaz. Bunun hakikatini bilmeyen kimseler, kendilerine haber ulaşmadan tekfir edilemezler. Bu konuda bize ulaşan haber, duymakla müşâhede yerine geçmiş olsa bile, inanıp sanki Rasûlullah -sallallahu aleyhi ve sellem-'den duymuşuz gibi tasdik etmemiz

---

[1] Rahman Sûresi: 27

[2] Buhari, Kitabu't-Tefsir c: 8, sh: 594, hadis:4848. Müslim, Kitabul-Cenneh c: 4, sh: 2187, hadis:2848. Her iki rivâyet de Katâde yoluyla Enes b. Mâlik'ten.

[3] Buhari; Kitabu'l-Cihad, c:6, sh:39, hadis: 2826, Müslim; Kitabu'l-İmâre. C:3,sh:1505, hadis: 1890, Her iki rivâyet de el-A'rac yoluyla Ebu Hureyre'den.

[4] Buhari; Kitabu'l-Fiten c: 13, sh: 91, hadis:7131. Müslim; Kitabu'l-Fiten ve Eşrâtu's-Saat c: 4, sh: 2248, hadis: 2933. Her iki rivayet de Katade yoluyla Enes'ten.

[5] Ahmed b. Hanbel, Müsned c: 4, sh: 182. İbn-i Mâce, Mukaddime I, sh: 72 hadis:109, el-Âcurri, eş-Şeria, sh: 317. Hakim, el-Müstedrek İbn-i Mende Fi'r-Raddi Alel Cehmiyye, Hâkim Müslimin şartına göre sahihdir, demiş, fakat onu tahriç etmemiştir. Zehebi de ona mutabık kalmıştır.

gerekir. Bununla birlikte teşbihi reddedip, Allah Teâlâ'nın kendisini şöyle vasıflandırdığı gibi, O'nu vasıflandırırız.

$$﴿ ...لَيْسَ كَمِثْلِهِ شَيْءٌ وَهُوَ السَّمِيعُ البَصِيرُ ۝ ﴾ [سورة الشورى من الآية:١١]$$

"O'nun benzeri hiçbir şey yoktur. O, hakkıyla işiten ve görendir."[1]

b) İmam Şâfiî'nin kader hakkındaki görüşleri:

1. Beyhakî Rabî' b. Süleyman'dan şöyle rivâyet etmiştir:

"Şâfiî'ye kader hakkında sorulduğunda, o şu beyitle cevap vermiştir:

"(Allah'ım) Senin dilediğin olmuştur... Ben istemesem bile.

Dilediğini dilersen yapmazsın...Kulları bildiğin şekilde yarattın.

---

[1] Şûrâ Sûresi: 11

İlminde icra olur genç ve yaşlı için... Kimisini nimetinle ondurursun.

Kimisini yardımdan mahrum edersin... Buna yardım eder, diğerine etmezsin.

Onların kimisi cehennemlik, kimisi cennetlik.. Onların kiminin ameli güzel, kimisinin de çirkindir. [1]

2. Beyhaki, Menâkıbu'ş-Şâfiî'de onun şöyle dediğini rivâyet eder:

"Kulların dilemesi, Allah Teâlâ'nın dilemesiyledir. Âlemlerin Rabbi olan Allah dilemeden kullar dileyemezler. İnsanlar amellerini kendileri yaratmamışlardır. Kulların amellerini Allah Teâlâ yaratmıştır. Kaderin hayır ve şerrini de Allah -azze ve celle- yaratmıştır. Kabir azabı, kabir sorgusu, yeniden diriliş (ba'as), hesap, cennet ve cehennem haktır. Bunun dışında sünnette gelen şeyler de haktır. [2]

3. el-Lâlkâî Müzenî'den şöyle rivâyet etmiştir:

"İmam Şâfiî şöyle demiştir:

-Kaderci kimdir biliyor musun? O; bir şey yapılmadan, Allah onu yaratmaz, diyendir. [3]

4. Beyhakî, Şâfiî'den şöyle dediğini rivâyet etmiştir:

---

[1] Menâkıbu'ş-Şâfiî, c:1, sh:412-413, Şerhu İ'tikâdi Ehli's-Sünneti ve'l-Cemaa, c:2, sh:702
[2] Menâkıbu'ş-Şâfiî, c: 1, sh: 415.
[3] Şerhu İ'tikâdi Ehli's-Sünneti ve'l-Cemaa, c:2, sh:701

"Kaderciler hakkında Rasûlullah -sallallahu aleyhi ve sellem-: 'Onlar bu ümmetin mecûsileridir[1] *demiştir. Onlar; günahların, işlenmedikçe Allah tarafından bilinmediğini söyleyenlerdir."*[2]

5. Beyhakî, Rabî' b. Süleyman'dan şöyle rivâyet etmiştir:

"Şâfiî, kaderci birisinin arkasında namaz kılmaktan hoşlanmazdı."[3]

---

[1] Ebu Davud; Kitabu's-Sunne, c:5, sh: 66, hadis: 4691, Hakim; el-Müstedrek, c:1, sh: 85 her iki rivâyet de Ebu Hâzim yoluyla İbn-i Ömer'den. Hâkim: "Ebu Hâzim'in, İbn-i Ömer'den işittiği doğru ise, bu hadis, Buhârî ve Müslim'in şartına göre göre sahihtir, Fakat Buhârî ve Müslim bu hadisi tahriç etmemişlerdir", demiş. Zehebî de bunu tasdik etmiştir.

[2] Menâkıbu'ş-Şâfiî, c. 1. sh. 413.

[3] Menâkıbu'ş-Şâfiî, c. 1. sh. 413.

c) İmam Şâfiî'nin îmân hakkındaki görüşleri:

1. İbn-i Abdilber, Rabî' b. Süleyman'dan şöyle rivâyet etmiştir:

"Şâfiî'yi şöyle derken işittim:

İmân; söz, amel ve kalp ile inanmaktır. Sen, Allah Teâlâ'nın şu sözünü işitmiyor musun?

$$ \{ ... \ وَمَا كَانَ ٱللَّهُ لِيُضِيعَ إِيمَٰنَكُمْ \ ... \} \ [\ سورة البقرة من الآية: ١٤٣] $$

"Allah, sizin îmânınızı zâyi edecek değildir."[1]

Yani; Beytü'l-Makdis'e doğru kılmış olduğunuz namazları boşa çıkarıcı değildir diyerek, namazı îmân olarak adlandırmıştır. O halde namaz, söz, amel ve niyettir."[2]

2. Beyhakî, Rabî' b. Süleyman'dan onun şöyle dediğini rivâyet etmiştir:

"İmam Şâfiî'yi şöyle derken işittim. İmân; söz ve ameldir. Artar ve eksilir."[3]

3. Beyhakî, Ebu Muhammed ez-Zubeyri'den şöyle rivâyet etmiştir:

"Adamın biri Şâfiî'ye:

-Allah katında hangi ameller daha faziletlidir? diye sordu.

Şâfiî:

-O olmadan hiçbir ameli kabul etmeyeceği şeydir, dedi.

Adam:

-Nedir o? Diye sordu.

Şâfiî:

---

[1] Bakara Sûresi: 143
[2] el-İntikâ, sh: 81
[3] Menâkıbu'ş-Şâfiî, c. 1. sh. 413.

-O'ndan başka hak ilah olmayan Allah Teâlâ'ya îmândır, dedi. Bu, amellerin en yüksek derecesi, mertebe olarak en şereflisi, nasibi de en bol olanıdır" diye karşılık verdi.

Bu sefer adam:

-Bana îmândan haber verir misin? Îmân; söz ve amel midir, yoksa amelsiz söz müdür?" diye sordu.

Şâfiî şöyle cevap verdi:

-Îmân; Allah için ameldir. Söz bunun bir kısmıdır.

Adam:

-Anlamam için bana bunu biraz daha açıklar mısın? dedi.

Şâfiî:

-Îmânın halleri, dereceleri ve tabakaları vardır. Bu îmanın bazısı kamil manada tamamına ermiştir. Bazısı da eksik olduğu açıkça belli olandır. Fazla (artan) îmân hayrı fazla olandır, dedi.

Adam:

-Îmân tamam olmadan artıp eksiliyor mu? deyince Şafiî:

-Evet, dedi.

Adam:

-Bunun delili nedir? diye sordu.

Şâfiî:

-Allah Teâlâ îmânı insanoğlunun azaları üzerine farz kıldı ve bunu azaların üzerine taksim etti. İnsanoğlunun îmânın dışında olan hiçbir azası yoktur, îmânla mükellef olan azalar amelle mükellef olanlardan fazladır. Bu azalarından birisi olan kalbi ile akıl eder ve onunla anlar. Kalp insan bedeninin emiri gibidir. Bütün organlar onun emrindedir.

Bu azalardan bazıları şunlardır: Onlarla baktığı iki gözüdür. Onlarla işittiği iki kulağıdır.Onlarla iş gördüğü iki elidir.Onlarla yürüdüğü iki ayağıdır.Şehvetini giderdiği fercidir. Konuştuğu dilidir. Yüzünün bulunduğu kafasıdır.

Kalbe farz kılınan, dile farz kılınandan, kulağa farz kılınan, iki göze farz kılınandan, iki ele farz kılınan, iki ayağa farz kılınandan farklıdır. İnsanın fercine farz kılınan, yüzüne farz kılınandan farklıdır.

Kalbe farz kılınanlara gelince: Allah Teâlâ'dan başka hak ilahın olmadığını, O'nun bir olduğunu, hiçbir ortağının bulunmadığını, Allah Teâlâ'nın eş ve evlat edinmediğini ve Muhammed -sallallahu aleyhi ve sellem-'in O'nun kulu ve elçisi olduğunu kabul etmek, bilmek, niyet etmek, râzı olmak ve buna teslim olmak, îmândandır. Allah katından gelen elçiler ve kitapları kabul etmek de Allah Teâlâ'nın kalbe farz kıldığı amellerdendir.

Nitekim Allah Teâlâ şöyle buyurmaktadır:

﴿ مَن كَفَرَ بِٱللَّهِ مِنۢ بَعْدِ إِيمَٰنِهِۦٓ إِلَّا مَنْ أُكْرِهَ وَقَلْبُهُۥ مُطْمَئِنٌّۢ بِٱلْإِيمَٰنِ وَلَٰكِن مَّن شَرَحَ بِٱلْكُفْرِ صَدْرًا فَعَلَيْهِمْ غَضَبٌ مِّنَ ٱللَّهِ وَلَهُمْ عَذَابٌ عَظِيمٌ ۝ ﴾

[سورة النحل الآية: ١٠٦]

"Kim îmân ettikten sonra inkâr ederse, -kalbi îmân ile dolu olduğu halde inkâra zorlanan bunun dışındadır-, fakat kalbini küfre açarsa (dînden dönerse),işte Allah'ın (çetin) gazabı, bunların üzerinedir. (Dünya hayatını, âhiret hayatına tercih ettiklerinden dolayı) onlara büyük bir azap vardır."[1]

﴿ ... أَلَا بِذِكْرِ ٱللَّهِ تَطْمَئِنُّ ٱلْقُلُوبُ ۝ ﴾ [سورة الرعد من الآية: ٢٨]

"Dikkat edin! Kalpler ancak Allah'ı anmakla huzur bulur."[2]

﴿ ... مِنَ ٱلَّذِينَ قَالُوٓاْ ءَامَنَّا بِأَفْوَٰهِهِمْ وَلَمْ تُؤْمِن قُلُوبُهُمْ ... ﴾

---

[1] Nahl Sûresi:106
[2] Ra'd Sûresi: 28

[سورة المائدة من الآية: ٤١]

"Kalpleri îmân etmedikleri halde ağızları (dilleri) ile îmân ettik diyenlerden (münâfıklardan)..."[1]

$$ \text{﴿ ... وَإِن تُبْدُواْ مَا فِىٓ أَنفُسِكُمْ أَوْ تُخْفُوهُ يُحَاسِبْكُم بِهِ ٱللَّهُ ... ﴾} $$

[سورة البقرة من الآية: ٢٨٤]

"İçinizdekileri açığa vursanız da, gizleseniz de, ondan dolayı Allah sizi hesaba çekecektir."[2]

İşte o da, Allah'ın kalbe farz kıldığı îmân ve kalbin amelidir. Bu ise, îmânın başıdır.

Allah Teâlâ dile, söylemeyi ve kalbin niyet ve ikrar ettiğini ifâde etmeyi farz kılmıştır.

Nitekim Allah Teâlâ bu konuda şöyle buyurmuştur:

$$ \text{﴿ قُولُوٓاْ ءَامَنَّا بِٱللَّهِ ... ﴾ [سورة البقرة من الآية: ١٣٦]} $$

"Allah'a îmân ettik, deyin."[3]

Sonra da şöyle buyurmuştur:

$$ \text{﴿ ...وَقُولُواْ لِلنَّاسِ حُسْنَا ... ﴾ [سورة البقرة من الآية: ٨٣]} $$

"İnsanlara güzel söz söyleyin"[4]

Bu da şundan dolayıdır:

Allah Teâlâ dile, kalpte olanı söyleme ve ifâde etme görevini farz kılmıştır. Bu, kalbin amelidir, ona farz kılınan da îmândandır.

---

[1] Mâide Sûresi: 41
[2] Bakara Sûresi: 284
[3] Bakara Sûresi: 136
[4] Bakara Sûresi: 83

Allah Teâlâ kulağa, haram kıldığı şeylerden uzak durmasını ve yasak kıldığı şeyleri dinlemekten kaçınmayı farz kılarak bu konuda şöyle buyurmuştur:

﴿ وَقَدْ نَزَّلَ عَلَيْكُمْ فِي ٱلْكِتَابِ أَنْ إِذَا سَمِعْتُمْ ءَايَاتِ ٱللَّهِ يُكْفَرُ بِهَا وَيُسْتَهْزَأُ بِهَا فَلَا تَقْعُدُواْ مَعَهُمْ حَتَّى يَخُوضُواْ فِي حَدِيثٍ غَيْرِهِ إِنَّكُمْ إِذًا مِّثْلُهُمْ ... ﴾

[سورة النساء من الآية: ١٤٠]

"(Ey mü'minler! Rabbinizin) Kitabında size şu emir indirildi: Allah'ın âyetleri inkâr edildiğini ve onlarla alay edildiğini işittiğinizde, başka bir söze dalıncaya (konuya geçinceye) kadar (alaycı) kâfirlerle beraber oturmayın. Aksi takdirde (onlarla beraber oturursanız, onların küfrüne ve Allah'ın âyetleriyle alay etmelerine râzı olduğunuzdan dolayı) siz de onlar gibi olursunuz."[1]

Sonra Allah Teâlâ unutkanlığı bunun dışında tutarak şöyle buyurmuştur:

﴿ ... وَإِمَّا يُنسِيَنَّكَ ٱلشَّيْطَانُ فَلَا تَقْعُدْ بَعْدَ ٱلذِّكْرَىٰ مَعَ ٱلْقَوْمِ ٱلظَّالِمِينَ ۞ ﴾

[سورة الأنعام من الآية: ٦٨]

"-Eğer şeytan sana unutturur da onlarla birlikte oturursan başka-Kur'an sana hatırlatıcı olarak geldikten sonra zâlim (müşrik) olan toplulukla beraber oturma."[2]

﴿ وَٱلَّذِينَ ٱجْتَنَبُواْ ٱلطَّاغُوتَ أَن يَعْبُدُوهَا وَأَنَابُواْ إِلَى ٱللَّهِ لَهُمُ ٱلْبُشْرَىٰ فَبَشِّرْ عِبَادِ ۞ ٱلَّذِينَ يَسْتَمِعُونَ ٱلْقَوْلَ فَيَتَّبِعُونَ أَحْسَنَهُ أُوْلَٰئِكَ ٱلَّذِينَ هَدَىٰهُمُ ٱللَّهُ وَأُوْلَٰئِكَ هُمْ أُوْلُواْ ٱلْأَلْبَابِ ۞ ﴾ [سورة الزمر الآيتان: ١٧ - ١٨]

---

[1] Nisâ Sûresi: 140
[2] En'am Sûresi: 68

"Tâğût'a kulluk etmekten kaçınıp, Allah'a yönelenlere müjde vardır.(Ey Nebi!)Dinleyip sözün en güzeline uyan kullarımı müjdele.İşte Allah'ın doğru yola ilettiği kimseler, onlardır. Gerçek akıl sahipleri de onlardır."[1]

﴿ قَدْ أَفْلَحَ ٱلْمُؤْمِنُونَ ۝ ٱلَّذِينَ هُمْ فِي صَلَاتِهِمْ خَاشِعُونَ ۝ وَٱلَّذِينَ هُمْ عَنِ ٱللَّغْوِ مُعْرِضُونَ ۝ وَٱلَّذِينَ هُمْ لِلزَّكَوٰةِ فَاعِلُونَ ۝ ﴾ [سورة المؤمنون الآيات ١-٤:]

"Gerçekten mü'minler kurtuluşa ermişlerdir.Onlar ki, namazlarında huşû içindedirler. Onlar ki, boş ve faydasız şeylerden yüz çevirirler. Onlar ki zekâtı verirler."[2]

﴿ وَإِذَا سَمِعُوا ٱللَّغْوَ أَعْرَضُوا عَنْهُ ... ﴾ [سورة القصص من الآية: ٥٥]

"Onlar, boş ve yararsız sözleri işitince, ondan yüz çevirirler."[3]

﴿ وَٱلَّذِينَ لَا يَشْهَدُونَ ٱلزُّورَ وَإِذَا مَرُّوا بِٱللَّغْوِ مَرُّوا كِرَامًا ۝ ﴾

[سورة الفرقان الآية: ٧٢]

"Onlar ki, yalan yere şâhitlik etmezler, boş ve yararsız sözlerle karşılaştıklarında vakar ile oradan geçip giderler."[4]

Bu, Allah'ın kulağa kendisine helâl olmayan şeyi işitmekten uzak durmasını farz kıldığı görevdir. Bu da îmândan olan kulağın amelidir.

Allah Teâlâ, iki göze haram kıldığı şeylere bakmamayı ve yasakladığı şeylerden sakınmasını farz kılmıştır.

Nitekim Allah Teâlâ bu konuda şöyle buyurmuştur:

---

[1] Zümer Sûresi: 17-18
[2] Mü'minûn Sûresi: 1-4
[3] Kasas Sûresi: 55
[4] Furkan Sûresi: 72

﴿ قُل لِّلْمُؤْمِنِينَ يَغُضُّوا مِنْ أَبْصَارِهِمْ وَيَحْفَظُوا فُرُوجَهُمْ ذَٰلِكَ أَزْكَىٰ لَهُمْ إِنَّ اللَّهَ خَبِيرٌ بِمَا يَصْنَعُونَ ۝ وَقُل لِّلْمُؤْمِنَاتِ يَغْضُضْنَ مِنْ أَبْصَارِهِنَّ وَيَحْفَظْنَ فُرُوجَهُنَّ وَلَا يُبْدِينَ زِينَتَهُنَّ إِلَّا مَا ظَهَرَ مِنْهَا وَلْيَضْرِبْنَ بِخُمُرِهِنَّ عَلَىٰ جُيُوبِهِنَّ وَلَا يُبْدِينَ زِينَتَهُنَّ إِلَّا لِبُعُولَتِهِنَّ أَوْ آبَائِهِنَّ أَوْ آبَاءِ بُعُولَتِهِنَّ أَوْ أَبْنَائِهِنَّ أَوْ أَبْنَاءِ بُعُولَتِهِنَّ أَوْ إِخْوَانِهِنَّ أَوْ بَنِي إِخْوَانِهِنَّ أَوْ بَنِي أَخَوَاتِهِنَّ أَوْ نِسَائِهِنَّ أَوْ مَا مَلَكَتْ أَيْمَانُهُنَّ أَوِ التَّابِعِينَ غَيْرِ أُولِي الْإِرْبَةِ مِنَ الرِّجَالِ أَوِ الطِّفْلِ الَّذِينَ لَمْ يَظْهَرُوا عَلَىٰ عَوْرَاتِ النِّسَاءِ وَلَا يَضْرِبْنَ بِأَرْجُلِهِنَّ لِيُعْلَمَ مَا يُخْفِينَ مِن زِينَتِهِنَّ وَتُوبُوا إِلَى اللَّهِ جَمِيعًا أَيُّهَ الْمُؤْمِنُونَ لَعَلَّكُمْ تُفْلِحُونَ ۝ ﴾

[سورة النور الآيتان: ٣٠-٣١]

"(Ey Nebi!) Mü'min erkeklere, gözlerini haramdan sakınmalarını ve ırzlarını (zinâdan) korumalarını söyle. Çünkü bu, kendileri için daha temiz bir davranıştır. Şüphesiz Allah, onların yapmakta olduklarından (kendilerine emrettiği ve yasakladığı şeylerden) haberdârdır. Mü'min kadınlara söyle: Gözlerini (harama bakmaktan) esirgesinler ve ırzlarını (Allah'ın haram kıldığı şeylerden) korusunlar. Görünen kısmı müstesnâ olmak üzere, ziynetlerini (yabancı erkeklere) göstermesinler. Başörtülerini, (başlarından) göğüslerinin üzerine (kadar) örtsünler. Kocaları, babaları, kocalarının babaları, kendi oğulları, kocalarının oğulları, erkek kardeşleri, erkek kardeşlerinin oğulları, kız kardeşlerinin oğulları, kendi (mü'min) kadınları, ellerinin altında bulunanlar (köleleri), erkeklerden âilenin kadınına şehvet duymayan (başkalarının yardımına muhtaç olan saf kimseler gibi) tâbi kimseler veya henüz kadınların kadınlık hallerinin farkında olmayan (şehvet duymayan) çocuklardan başkasına (gizli) ziynetlerini göstermesinler. (Yolda yürürken) gizlemekte oldukları ziynetleri anlaşılsın diye ayaklarını yere vurmasınlar. Ey mü'minler! (Size emretmiş olduğu bu güzel sıfatlara ve övülen hasletlere, O'na itaat etmek sûretiyle) toptan Allah'a dönün (ve câhiliye toplumunun üzerinde bulunduğu kötü ahlâk ve sıfatları terk edin) ki (dünya ve âhirette) kurtuluşa eresiniz."[1]

Yani, hiç kimse ne kardeşinin avret yerine baksın, ne de başkasına avret yerini göstersin. Allah'ın kitabında geçen "ferci korumak" ile, "ferci zinâdan korumak" kastedilir. Ancak yukarıdaki âyet bunun dışındadır. Bu âyette "gözleri harama bakmaktan korumak" kastedilir. Onun içindir ki Allah Teâlâ, gözlere, harama bakmaktan sakınmalarını farz kılmıştır ki bu, îmândan olan gözlerin amelidir.

Allah Teâlâ, daha sonra kalbe, kulağa ve göze farz kıldıklarını bir arada zikrederek şöyle buyurmuştur:

﴿ وَلَا تَقْفُ مَا لَيْسَ لَكَ بِهِ عِلْمٌ إِنَّ ٱلسَّمْعَ وَٱلْبَصَرَ وَٱلْفُؤَادَ كُلُّ أُوْلَـٰئِكَ كَانَ عَنْهُ مَسْـُٔولًا ۝ ﴾ [سورة الإسراء الآية: ٣٦]

"Hakkında bilgin olmayan şeyin ardına düşme. Çünkü kulak, göz, ve kalp, işte bunların hepsi ondan sorumludur."[2]

Allah Teâlâ'nın ferce farz kılması demek; Allah Teâlâ'nın haram kıldığı şekilde ırza leke sürmemesidir.

Nitekim şöyle buyurmuştur:

﴿ وَٱلَّذِينَ هُمْ لِفُرُوجِهِمْ حَافِظُونَ ۝ ﴾ [سورة المؤمنون الآية: ٥]

"Onlar ki ferclerini (ırzlarını) korurlar."[3]

﴿ وَمَا كُنتُمْ تَسْتَتِرُونَ أَن يَشْهَدَ عَلَيْكُمْ سَمْعُكُمْ وَلَا أَبْصَـٰرُكُمْ وَلَا جُلُودُكُمْ وَلَـٰكِن ظَنَنتُمْ أَنَّ ٱللَّهَ لَا يَعْلَمُ كَثِيرًا مِّمَّا تَعْمَلُونَ ۝ ﴾ [ورة فصلت الآية: ٢٢]

---

[1] Nûr Sûresi: 30-31
[2] İsrâ Sûresi: 36
[3] Mü'minûn Sûresi: 5

"Siz (günahları işlerken) kulaklarınızın, gözlerinizin ve derilerinizin aleyhinize şâhitlik etmesinden çekinmiyordunuz. Yaptıklarınızın çoğunu Allah'ın bilmediğini sanıyordunuz."[1]

Âyette geçen "deriler"den kasıt; fercler ve baldırlardır. Bunun içindir ki Allah Teâlâ ferclere, helâl olmayan şeylerden kendisini korumayı farz kılmıştır ki, bu da ferclerin amelidir.

Allah Teâlâ'nın ellere farz kılmasından kasıt; Allah Teâlâ'nın haram kıldığı şeyleri işlememesi, aksine sadaka vermek, sıla-i rahimde bulunmak, Allah yolunda cihad etmek ve namazlar için abdest almak gibi, Allah Teâlâ'nın kendisine emrettiği şeyleri işlemesidir.

Nitekim şöyle buyurmuştur:

﴿ يَا أَيُّهَا الَّذِينَ آمَنُوا إِذَا قُمْتُمْ إِلَى الصَّلَاةِ فَاغْسِلُوا وُجُوهَكُمْ وَأَيْدِيَكُمْ إِلَى الْمَرَافِقِ وَامْسَحُوا بِرُؤُوسِكُمْ وَأَرْجُلَكُمْ إِلَى الْكَعْبَيْنِ وَإِن كُنتُمْ جُنُبًا فَاطَّهَّرُوا وَإِن كُنتُم مَّرْضَى أَوْ عَلَى سَفَرٍ أَوْ جَاءَ أَحَدٌ مِّنكُم مِّنَ الْغَائِطِ أَوْ لَامَسْتُمُ النِّسَاءَ فَلَمْ تَجِدُوا مَاءً فَتَيَمَّمُوا صَعِيدًا طَيِّبًا فَامْسَحُوا بِوُجُوهِكُمْ وَأَيْدِيكُم مِّنْهُ مَا يُرِيدُ اللَّهُ لِيَجْعَلَ عَلَيْكُم مِّنْ حَرَجٍ وَلَكِن يُرِيدُ لِيُطَهِّرَكُمْ وَلِيُتِمَّ نِعْمَتَهُ عَلَيْكُمْ لَعَلَّكُمْ تَشْكُرُونَ ۝ ﴾ [سورة المائدة الآية: ٦]

"Ey îmân edenler! Namaz kılmak istediğinizde -abdestsiz iseniz- yüzlerinizi, dirseklerle beraber ellerinizi yıkayın, başınızı meshedin ve ayaklarınızı da aşık kemikleriyle beraber (yıkayın). Eğer cünüp iseniz, boy abdesti alın (yıkanın). Hasta veya yolculuk halinde iseniz veyahut da biriniz tuvâletten gelirse yahut da kadınlarınızla cinsel ilişkide bulunmuşsanız ve bu hallerde su bulamamışsanız, temiz toprakla teyemmüm edin, yüzünüzü ve ellerinizi onunla meshedin. Allah size herhangi bir zorluk çıkarmak istemez,

---

fakat sizi tertemiz kılmak ve size ihsan ettiği nimetini tamamlamak ister, umulur ki şükredersiniz."[1]

﴿ فَإِذَا لَقِيتُمُ الَّذِينَ كَفَرُوا فَضَرْبَ الرِّقَابِ حَتَّى إِذَا أَثْخَنْتُمُوهُمْ فَشُدُّوا الْوَثَاقَ فَإِمَّا مَنًّا بَعْدُ وَإِمَّا فِدَاءً حَتَّى تَضَعَ الْحَرْبُ أَوْزَارَهَا ذَلِكَ وَلَوْ يَشَاءُ اللَّهُ لَانْتَصَرَ مِنْهُمْ وَلَكِنْ لِيَبْلُوَ بَعْضَكُمْ بِبَعْضٍ وَالَّذِينَ قُتِلُوا فِي سَبِيلِ اللَّهِ فَلَنْ يُضِلَّ أَعْمَالَهُمْ ۝ ﴾

[سورة محمد الآية : ٤]

"(Savaşta) kâfirlerle karşılaştığınızda boyunlarını vurun. Nihayet onlara iyice vurup sindirince bağı sıkıca bağlayın (onları esir alın). Savaş sona erince de artık ya karşılıksız bırakır, ya da fidye karşılığı salıverin. Durum şu ki, Allah dileseydi onlardan intikam alırdı. Fakat sizi birbirinizle denemek ister.Allah yolunda öldürülenlere gelince, Allah onların yaptıklarını boşa çıkarmayacaktır."[2]

Çünkü vurmak, savaş, sıla-i rahim ve sadaka, elin ilacıdır.

Allah Teâlâ ayaklara, onlarla haram kıldığı şeylere yürümemesini emretmiştir.

Nitekim bu konuda şöyle buyurmuştur:

﴿ وَلَا تَمْشِ فِي الْأَرْضِ مَرَحًا إِنَّكَ لَنْ تَخْرِقَ الْأَرْضَ وَلَنْ تَبْلُغَ الْجِبَالَ طُولًا ۝ ﴾

[سورة الإسراء الآية : ٣٧]

"Yeryüzünde kibirlenerek yürüme. Çünkü sen, ne dağları delip geçebilir, ne de yükseklikte dağlara erişebilirsin."[3]

---

[1] Mâide Sûresi: 6
[2] Muhammed Sûresi: 4
[3] İsrâ Sûresi: 37

Allah Teâlâ yüze, gece-gündüz ve namaz vakitlerinde kendisine secde etmesini emretmiştir.

Nitekim bu konuda şöyle buyurmuştur:

﴿ يَا أَيُّهَا الَّذِينَ ءَامَنُوا ارْكَعُوا وَاسْجُدُوا وَاعْبُدُوا رَبَّكُمْ وَافْعَلُوا الْخَيْرَ لَعَلَّكُمْ تُفْلِحُونَ ۩ ﴾ ٧٧ [سورة الحج الآية: ٧٧]

"Ey îmân edenler! Rükû ve secde edin. Rabbinize ibâdet edin ve hayır işleyin.Umulur ki kurtuluşa erersiniz."[1]

﴿ وَأَنَّ الْمَسَاجِدَ لِلَّهِ فَلَا تَدْعُوا مَعَ اللَّهِ أَحَدًا ١٨ ﴾ [سورة الجن الآية: ١٨]

"Mescidler Allah'a aittir. O halde sakın Allah ile beraber başkasına ibâdet etmeyin."[2]

Âyette geçen "Mescitler"den kasıt; Âdem oğlunun üzerine secde ettiği alın gibi uzuvlardır.

İşte bunlar, Allah Teâlâ'nın uzuvlara farz kıldığı görevlerdir.

Allah Teâlâ, elçisi Muhammed -sallallahu aleyhi ve sellem-'in yüzünü, namazda iken Beytü'l-Makdis'ten Kâbe'ye çevirmesini emrettiği zaman, kitabı Kur'an-ı Kerim'de abdest ve namazı îmân olarak adlandırmıştır. Müslümanlar on altı ay boyunca Beytu'l-Makdis'e doğru namaz kılmışlardı.

Sahâbe -Allah onlardan râzı olsun-, Rasûlullah -sallallahu aleyhi ve sellem-'e:

"Ey Allah'ın elçisi! Beytül-Makdis'e doğru kılmakta olduğumuz namazlarımız hakkında ne dersin? O namazlar ve bizim halimiz nicedir? Diye sordular.

Bunun üzerine Allah Teâlâ şu âyeti indirdi:

---

[1] Hac Sûresi: 77
[2] Cin Sûresi: 18

﴿ ...وَمَا كَانَ ٱللَّهُ لِيُضِيعَ إِيمَانَكُمْ إِنَّ ٱللَّهَ بِٱلنَّاسِ لَرَءُوفٌ رَّحِيمٌ ۝ ﴾

[سورة البقرة الآية: ١٤٣]

"Allah, sizin îmânınızı zâyi edecek değildir. Zirâ Allah, insanlara karşı çok şefkatli ve merhametlidir."[1]

Allah Teâlâ bu âyette namazı îmân olarak adlandırmıştır.

Kim, Allah Teâlâ'nın emrine uyarak namazlarını ve âzâlarını korumuş ve bütün âzâları ile O'nun emrettiği ve farz kıldığını yerine getirmiş bir halde kıyâmet günü Allah Teâlâ'nın huzuruna gelirse, îmânı tam ve cennetlik olarak O'nun huzuruna gelir. Kim de, Allah Teâlâ'nın bu emrettiği ve farz kıldığı şeylerden birisini kasten terkederse, Allah Teâlâ'nın huzuruna eksik îmânlı olarak gelir."

Bunun üzerine o adam Şâfiî'ye:

"Ben, îmânın tamam veya eksik olması nedir, anladım. Peki îmânın artması da nereden geldi?" diye sordu.

Şâfiî ona şöyle cevap verdi:

"Allah Teâlâ bu konuda şöyle buyurmuştur:

﴿ وَإِذَا مَا أُنزِلَتْ سُورَةٌ فَمِنْهُم مَّن يَقُولُ أَيُّكُمْ زَادَتْهُ هَٰذِهِ إِيمَانًا فَأَمَّا ٱلَّذِينَ ءَامَنُواْ فَزَادَتْهُمْ إِيمَانًا وَهُمْ يَسْتَبْشِرُونَ ۝ وَأَمَّا ٱلَّذِينَ فِي قُلُوبِهِم مَّرَضٌ فَزَادَتْهُمْ رِجْسًا إِلَىٰ رِجْسِهِمْ وَمَاتُواْ وَهُمْ كَافِرُونَ ۝ ﴾ [سورة التوبة الآيتان: ١٢٤-١٢٥]

"(Kur'an'dan) bir sûre indirildiği zaman, onlardan (münâfıklardan) bir kısmı (alaylı bir şekilde): 'Bu (sûre), sizin hanginizin îmânını artırdı? der. Îmân edenlere gelince, (bu sûre) onların îmânlarını artırır ve onlar (Allah'ın

---

[1] Bakara Sûresi: 143

kendilerine bahşettiği îmân nimeti ile) **sevinirler. Kalplerinde hastalık** (nifak) **olanlara gelince, inkârları nedeniyle bu sûre onların pisliklerini** (nifak ve şüphe hastalıklarını) **kat kat artırır ve onlar artık kâfir olarak ölürler."**[1]

$$ \langle ... \text{إِنَّهُمْ فِتْيَةٌ ءَامَنُواْ بِرَبِّهِمْ وَزِدْنَٰهُمْ هُدًى} \ \text{۱۳} \ \rangle \ [\ \text{سورة الكهف الآية} \ \text{۱۳}:] $$

"Şüphesiz ki onlar Rablerine îmân eden gençlerdi. Ve biz onların hidâyetini (ve hak üzere sebâtını) **artırdık."**[2]

İmam Şâfiî şöyle devam etti:

"Eğer îmânın tamamı, eksilmesi ve artması olmasa ve bir olsaydı, hiç kimsenin îmân açısından diğerine karşı bir üstünlüğü söz konusu olmazdı ve insanların hepsi îmân konusunda aynı olurlardı. Böylelikle üstünlük meselesi de ortadan kalkmış olurdu. Fakat mü'minler, îmânın tam olması sebebiyle cennete girecekler, îmânın birbirinden fazla olmasıyla da Allah katındaki makamları birbirinden üstün olacak, îmânın noksan olması sebebiyle de günahkârlar, cehenneme gireceklerdir.

Allah Teâlâ, tıpkı atların yarıştığı gibi, kulları arasında bir yarış başlatmıştır. Üstelik onlar, yarıştaki derecesine göredir. Allah Teâlâ herkesi yarışta elde ettiği derecesine göre ayarlamıştır. Bu yarışta hiç kimsenin hakkı eksiltilmez. Yarışta geçilenler, geçenlerden öne alınmazlar. Fazîlet yönünden üstün olanlar, kendilerinden daha üstün olanlardan öne alınmazlar. Bu yüzdendir ki Allah Teâlâ, bu ümmetin ilk müslümanlarını, onlardan sonra gelenlerden daha üstün kılmıştır. Eğer îmânda öncelik sahibi olanların, îmânda geri olanlara herhangi bir üstünlüğü olmasaydı, bu ümmetin sonradan gelenleri, îmânda üstünlük yönünden ilk müslümanlara yetişmiş olurlardı."[3]

---

[1] Tevbe Sûresi: 124-125
[2] Kehf Sûresi: 13
[3] Menâkıbu'ş-Şâfiî, c: I, sh: 387-393.

d) İmam Şâfiî'nin sahâbe hakkındaki görüşleri:

1. Beyhakî, Şâfiî'den şöyle rivâyet etmiştir:

"Allah Tebâreke ve Teâlâ, elçisinin ashâbını, Kur'an, Tevrat ve İncil'de övmüştür. Rasûlullah -sallallahu aleyhi ve sellem- fazîlet yönünden onları övdüğü kadar, hiç kimseyi övmemiştir. Bundan dolayı Allah Teâlâ onlara rahmet etmiş, onları sıddıkların, şehitlerin ve salihlerin derecelerine yükseltmiştir. Rasûlullah -sallallahu aleyhi ve sellem-'in sünnetini bize onlar ulaştırmışlar ve vahyin ona inişine şâhit onlar olmuşlardır. Bu yüzden Allah'ın kendilerinden dilediğinin genel ve özel olanını, kendilerinden azimetle istediğini ve kendilerini hangi yola irşad ettiğini en iyi onlar bilmişlerdir. Onlar, Rasûlullah -sallallahu aleyhi ve sellem-'in sünnetleri içinden bizim bilmediğimizi onlar bilmişlerdir. Onlar, her türlü ilim, ictihad, takva ve akılda bizden daha üstündürler. Anladığımız ve idrak edip de ictihadla hüküm çıkardığımız her konuda onların

görüşleri bize yol göstermiştir.Onların görüşleri, bizim görüşlerimizden daha fazla övgüye layıktır. Doğrusunu Allah bilir." [1]

2. Beyhakî, Rabî' b. Süleyman'dan şöyle rivâyet etmiştir:

"Şâfiî'yi şöyle derken işittim:

-Fazilet yönünden önce Ebu Bekr, sonra Ömer, sonra Osman, sonra Ali gelir." [2]

3. Beyhakî, Muhammed b. Abdullah b. Abdulhakem'den şöyle rivâyet etmiştir:

"Şâfiî'yi şöyle derken işittim:

-Rasûlullah -sallallahu aleyhi ve sellem-'den sonra insanların en fazîletlisi, Ebu Bekir, sonra Ömer, sonra Osman, sonra Ali'dir -Allah onlardan razı olsun-." [3]

4. Herevî, Yusuf b. Yahya el-Buveyti'den şöyle rivâyet etmiştir:

"Şâfiî'ye:

-Râfızî imamın ardında namaz kılayım mı? diye sordum.

O:

-Hayır.Ne Râfızî'nin,ne Kaderci'nin ve ne de Mürcie'lerin ardında namaz kıl, dedi.

Ben:

-Onları bana anlatır mısın? diye sorduğumda şöyle cevap verdi:

---

[1] Menâkıbu'ş-Şâfiî, c: I, sh: 442
[2] Menâkıbu'ş-Şâfiî, c: I, sh: 442
[3] Menâkıbu'ş-Şâfiî, c: I, sh: 443

-Îman, sözden ibârettir diyen Mürcie'dir. Ebu Bekir ve Ömer imam değildir diyen, Râfızî'dir. Meşîeti kendisine aittir diyen kimse ise, Kadercidir."[1]

e) İmam Şâfiî'nin kelâmı ve dînde tartışmayı yasaklaması:

1. Herevî, Rabî' b. Süleyman'dan şöyle rivâyet etmiştir:

"Şâfiî'yi şöyle derken işittim:

-Eğer bir kimse başka birisi için ilim kitaplarını vasiyet etse ve bu kitaplar içinde de kelâm kitapları varsa, bu kitaplar vasiyete dahil edilemez. Zira kelâm, ilim değildir."[2]

2. Herevî, Hasan ez-Za'feranî'den şöyle rivâyet etmiştir:

"Şâfiî'yi şöyle derken işittim:

---

[1] Zemmu'l-Kelâm, K-215 Zehebi, Siyeru A'lami'n-Nubelâ, c: 10, sh: 31.
[2] Zemmu'l-Kelâm, K-215 Zehebi, Siyeru A'lami'n-Nubelâ, c: 10, sh: 30.

-Kelâm konusunda bir kez münazarada bulundum.Bundan dolayı da Allah'a istiğfarda bulunuyorum. "[1]

3. Herevî, Rabî' b. Süleyman'dan şöyle rivâyet etmiştir:

"Şâfiî dedi ki:

-Her muhalife karşı cevap niteliğinde büyük bir kitap yazmak isteseydim, bunu yapabilirdim. Fakat 'kelâm' benim işim değil, ben kelâmdan hiçbir şeyin bana nisbet edilmesini istemiyorum. "[2]

4. İbn-i Batta, Ebu Sevr'den şöyle rivâyet etmiştir:

"Şâfiî bana:

-Kelâm elbisesi giyip de kurtulan hiç kimse görmedim, dedi. "[3]

5. Herevi, Yunus el-Mısrî'den şöyle rivâyet etmiştir:

"Şâfiî dedi ki:

-Allah'ın bir kimseyi şirkin dışındaki bir günahla imtihan etmesi, kelâm ile imtihan etmesinden daha hayırlıdır. "[4]

Bunlar, Şâfiî'nin dînin esasları hakkındaki sözleri ve kelâm ilmine karşı takındığı tavrıdır.

5. BÖLÜM

İmam Ahmed b. Hanbel'in akîdesi

a) İmam Ahmed b. Hanbel'in Tevhîd hakkındaki görüşleri:

1. Tabekâtu'l-Hanâbile'de şöyle denir:

"İmam Ahmed'e tevekkül hakkında soruldu.

O:

---

[1] Zemmu'l-Kelâm, K-213
[2] Zemmu'l-Kelâm, K-215
[3] el-İbânetu'l-Kubrâ, sh: 535-536
[4] İbn-i Ebî Hâtim, Menâkıbu'ş-Şâfiî, sh: 182

-İnsanlardan gelecek olandan ümidini kesmektir, diye cevap verdi. "[1]

2. el-Mihne[2] adlı kitapta İmam Ahmed şöyle demiştir:

"Allah Teâlâ halihazırda mütekellimdir. Kur'an, Allah Teâlâ'nın kelâmı olup, mahluk (yaratılmış) değildir. Hiçbir yönden yanlış olarak vasfedilemez. Allah Teâlâ, kendisini vasfettiğinden fazla bir şeyle vasfedilemez. "[3]

3. İbn-i Ebî Ya'lâ, Ebu Bekr el-Mervezî'den şöyle rivâyet etmiştir:

"Ahmed b. Hanbel'e Cehmiye'nin sıfatlar, kıyâmet gününde Allah'ı görme, İsrâ ve arş hakkında inkâr ettikleri hadisleri sordum. Bu hadislerin sahih olduklarını söyledikten sonra şöyle dedi:

-Ümmet, bu haberleri bize geldiği gibi kabul etmişlerdir. "[4]

4. Ahmed b. Hanbel'in oğlu Abdullah, es-Sunne adlı kitapta şöyle rivâyet etmiştir:

"Ahmed dedi ki:

Kim, Allah Teâlâ'nın konuşmadığını iddiâ ederse, o kâfirdir. Biz bu konudaki hadisleri olduğu gibi rivâyet ederiz. "[5]

5. el-Lâlkâî, Hanbel'den[6] rivâyet ettiğine göre, o İmam Ahmed'e kıyâmet günü Allah'ı görme hakkında sormuş, İmam Ahmed ona:

---

[1] Tabekâtu'l-Hanâbile, c: I, sh: 416
[2] el-Mihne kitabı, sh: 68
[3] Tabekâtu'l-Hanâbile, c: I, sh: 56
[4] Tabekâtu'l-Hanâbile, c: I, sh: 56
[5] es-Sunne, sh: 71
[6] Şeybân kabilesinden Ebu Ali, Esed b. Hilâl b. Hanbel b. İshak b. Hanbel'dir. İmam Ahmed b. Hanbel'in amcasının oğludur. El-Hatîb onun hakkında şöyle demiştir: "Sikadır, sebt'tir." Hicretin 273. yılında vefât etmiştir. Bağdad'ın Tarihi, c: 8, sh: 286-287. Biyografisi için bknz: 'Tabekâtu'l-Hanâbile', c:1, sh: 143

-Sahih hadislere îmân ve ikrar ederiz. Nebi -sallallahu aleyhi ve sellem-'den rivâyet olunan ve senedleri iyi olan her şeye îmân ve ikrar ederiz."[1]

6. İbn-i Cevzî, İmam Ahmed b. Hanbel'in Musedded'e[2] şöyle yazdığını rivâyet etmiştir:

"Allah'ı, O'nun kendisini vasfettiği gibi vasfedin. Allah'ın kendisi hakkında reddettiğini, siz de reddedin..."[3]

7. İmam Ahmed "er-Raddu ale'l-Cehmiyye" adlı kitabında şöyle demiştir:

"Cehm b. Safvan; Allah'ı, kendisini kitabında ve elçisinin sünnetinde vasfettiği gibi vasfeden kimsenin, kâfir ve Müşebbihe'den olduğunu iddiâ etmiştir."[4]

8. İbn-i Teymiye, "Der'u Teârudi'l-Akli ve'n-Nakl" adlı kitabında İmam Ahmed'in şöyle rivâyet etmiştir:

"Biz, Allah Teâlâ'nın, arşı üzerinde, dilediği gibi, dilediği şekilde, sınırsız, tüm vasfedicilerin vasfının ulaşamayacağı ve hiç kimsenin ona sınır çizemeyeceği bir halde olduğuna îmân ederiz. Allah'ın sıfatları O'ndandır ve O'na âittir. O, kendisini vasfettiği gibidir. O'nu gözler idrak edemez."[5]

9. İbn-i Ebî Ya'lâ, İmam Ahmed'in şöyle dediğini rivâyet eder:

"Kim, Allah Teâlâ'nın âhirette görülmeyeceğini iddiâ ederse, O, Kur'an'ı yalanlayan bir kâfirdir."[6]

---

[1] Şerhu İ'tikadi Ehli's-Sünneti ve'l-Cemaa, c: 2, sh: 507
[2] Biyografisi için bknz: 'Tehzîbu't-,Tehzîb', c:10, sh: 107
[3] Menâkıbu'l-İmam Ahmed, sh: 221
[4] er-Raddu ale'l-Cehmiyye, sh: 104.
[5] Der'u Teârudi'l-Akli ve'n-Nakl, c:2, sh: 30
[6] Tabekâtu'l-Hanâbile, c: I, sh: 59, 145

10. İbn-i Ebî Ya'lâ, Abdullah b. Ahmed'den şöyle dediğini rivâyet etmiştir:

"Babama:

-Allah, Musa'ya ses ile konuşmadı' diyen topluluk hakkındaki görüşünü sordum.

Bana:

-Allah Musa ile sesli konuşmuştur. Biz, bu hadisleri, bize geldiği gibi rivâyet ediyoruz, dedi." [1]

11. el-Lâlkâî, Abdûs b. Mâlik el-Attâr'dan şöyle dediğini rivâyet etmiştir:

"Ahmed b. Hanbel'i şöyle derken işittim:

-Kur'an, Allah'ın kelâmıdır. Mahluk değildir. Sakın mahluk değildir demekten âciz kalma. Zira Allah'ın kelâmı O'ndandır. O'ndan olan hiçbir şey de mahluk değildir." [2]

---

[1] Tabekâtu'l-Hanâbile, c: I, sh: 185
[2] Şerhu İ'tikadi Ehli's-Sünneti ve'l-Cemaa, c: 1, sh: 157

b) İmam Ahmed b.Hanbel'in kader hakkındaki görüşleri:

1. İbn-i Cevzî, Ahmed b. Hanbel'in Müsedded'e şöyle yazdığını rivâyet etmiştir:

"Kaderin hayrına, şerrine, tatlısına ve acısına îmân eder..." [1]

2- el-Hallâl, Ebu Bekr el-Mervezî'den şöyle rivâyet etmiştir:

"Ebu Abdullah'a (Ahmed b.Hanbel'e) kader hakkında soruldu.

O:

-Hayır ve şer, kulların üzerine takdir edilmiştir, dedi.

Hayır ve şerri, Allah mı yaratmıştır? diye sorulunca da o:

-Evet, Allah takdir etmiştir, dedi."

3. İmam Ahmed'in "es-Sunne" adlı kitabında onun şöyle dediği rivâyet edilmiştir:

"Kaderin hayrı ve şerri, azı ve çoğu, açığı ve gizlisi, tatlısı ve acısı, sevimlisi ve sevimsizi, iyisi ve kötüsü, ilki ve sonu, Allah'ın hükmü iledir. Kullarının üzerine takdir etmiştir. Hiç kimse, Allah Teâlâ'nın meşîetini (dilemesini) geçemez ve O'nun kazasını aşamaz. [2]

4. el-Hallâl, Muhammed b. Ebî Harun ve Ebu'l Hâris'ten şöyle rivâyet etmiştir:

"Ebu Abdullah'ı (Ahmed b. Hanbel'i) şöyle derken işittim:

---

[1] Menâkıbu'l-İmam Ahmed, sh: 221
[2] es-Sunne, sh: 68

-*Allah Teâlâ, itaati ve günahları takdir ettiği gibi, hayrı ve şerri de takdir etmiştir. Kim, Allah katında cennetlik olarak yazılmışsa, o cennetliktir. Kim de cehennemlik olarak yazılmışsa, o cehennemliktir.*"[1]

5. İmam Ahmed'in oğlu Abdullah şöyle demiştir:

"*Ali b. Cehm, babama kader hakkında konuşan kimsenin kâfir olup olmadığını sordu. Babam da:*

-*Eğer ilmi inkâr eder ve Allah, yaratıncaya kadar 'âlim' değildi derse, Allah'ın ilmini inkâr etmiş olduğundan dolayı kâfir olur.*"[2]

6. İmam Ahmed'in oğlu Abdullah şöyle demiştir:

"*Bir defasında babama, kadercinin arkasında namaz kılınıp kılınmayacağını sordum.*

Bana:

-*Eğer bunun için insanlarla tartışıyor ve ona dâvet ediyorsa, onun arkasında namaz kılma! dedi.*"[3]

---

[1] el-Hallâl; es-Sunne, K-85
[2] Abdullah b. Ahmed; es-Sunne, sh: 119
[3] Abdullah b. Ahmed; es-Sunne, c:1, sh: 384

c) İmam Ahmed b. Hanbel'in îmân hakkındaki görüşleri:

1. İbn-i Ebî Ya'lâ, Ahmed b. Hanbel'den şöyle rivâyet etmiştir:

"Îmânın en fazîletli hasleti,Allah için sevmek ve Allah için buğzetmektir" [1]

2. İbn-i Cevzî, Ahmed b. Hanbel'in şöyle dediğini rivâyet eder:

"Îmân, şu hadiste bildirildiği gibi, artar ve eksilir:

$$ ((أَكْمَلُ الْمُؤْمِنِينَ إِيمَانًا أَحْسَنُهُمْ خُلُقًا.)) [رواه أحمد وأبو داود والترمذي] $$

"Mü'minlerin îmân bakımından en kâmil olanı, ahlâk bakımından en güzel olanıdır." [2,3]

3. el-Hallâl, Süleyman b. Eş'as'dan şöyle dediğini rivâyet etmiştir:

"Ebu Abdullah (Ahmed b. Hanbel) dedi ki:

-Namaz, zekat, hac ve iyilik îmândandır.Günahlar îmânı eksiltir." [4]

4. Abdullah b. Ahmed şöyle demiştir:

"Babama:

---

[1] Tabekâtu'l-Hanâbile, c: I, sh: 185

[2] Menakibu'l-Imam Ahmed, sh: 173, 153, 168. Hadisi: Ahmed b. Hanbel, Müsned: 2/250. Ebu Davud, 4682. Tirmizi; 1162 Ebu Seleme ve Ebu Hureyre'den rivayet etmiştir. Hadis Hasen Sahihtir.

[3] Menâkıbu'l-İmâm Ahmed, sh: 173, yine 153. ve 168. sayfalara bakınız.

[4] el-Hallâl; es-Sunne, K-96

-Îmân, söz ve ameldir, artar ve eksilir diyen, fakat istisnada bulunmayan kimse Mûrcie midir? diye sordum.

Bana:

-Umarım ki Mûrcie değildir, dedi.

Yine babamın şöyle dediğini işittim:

Rasûlullah -sallallahu aleyhi ve sellem-'in,kabir ehli için söylediği, 'İnşaallah biz de size kavuşacağız' hadisi, istisnâ yapmayan kimse aleyhine delildir. "[1]

5. Abdullah b. Ahmed şöyle demiştir:

"Babama -Allah ona rahmet etsin- 'irca' hakkında soru sorulurken onun şöyle dediğini işittim:

-Îmân, söz ve ameldir, artar ve eksilir. Kişi zina ettiği ve şarap içtiği zaman îmânı eksilir. "[2]

d) İmam Ahmed b. Hanbel'in sahâbe hakkındaki görüşleri:

1. "es-Sunne" adlı kitapta İmam Ahmed'in şöyle dediği rivâyet edilmiştir:

"Allah Rasûlü'nün ushâbının hepsinin iyiliklerini saymak ve onların kusurlarından ve aralarında çıkan anlaşmazlıklardan bahsetmemek, sünnettendir. Allah Rasûlü'nün ashâbına veya onlardan birisine söven, bid'at ehlidir, pis ve kaba bir Râfizî'dir. Allah onun ne farz, ne de nâfile ibâdetini kabul eder. Aksine ashâbı sevmek, sünnettir. Onlara duâ etmek Allah'a yakınlıktır. Onları örnek almak, vesîledir. Onların izinden gitmek, fazîlettir. "

Daha sonra şunları söylemiştir:

"Ayrıca dört halifeden sonra Allah Rasûlü'nün ashâbı, insanların en hayırlısıdır.Hiç kimsenin onlardan birisinin kusur ve ayıplarını zikretmesi,onlardan

---

[1] Müslim, Kitabu'l-Cenâiz. Kabristana girilirken ve kabirlerde yatanlara yapılan duâ bölümü, c:2, sh:669, hadis no: 974 Atâ yoluyla Âişe'den rivâyet olunmuştur.

[2] Abdullâh b. Ahmed; es-Sunne, sh: 77-78.

birisini kusur ve noksanlıkla ithamda bulunması, câiz değildir. Kim böyle yaparsa, devlet başkanının onu cezalandırması gerekir. Onu affetme hakkı yoktur."[1]

2. İbn-i Cevzî, İmam Ahmed'in Müsedded'e şöyle yazdığını rivâyet etmiştir:

"Cennetle müjdelenen on sahâbî olan Ebu Bekir, Ömer, Osman, Ali, Talha, Zübeyr, Sa'd, Saîd, Abdurrahman b. Avf ve Ebu Ubeyde el-Cerrah'ın cennetlik olduklarına senin de şâhitlik etmendir. Rasûlullah -sallallahu aleyhi ve sellem-'in cennetlik olduğuna şâhitlik ettiği kimseye, biz de cennetlik olduğuna şâhitlik ederiz."[2]

3. Abdullah b. Ahmed şöyle demiştir:

"Babama, imamlar (İslâm'ın ilk dört halifesi) hakkında sordum.

Bana:

-Ebu Bekir, sonra Ömer, sonra Osman, sonra da Ali, dedi."[3]

4. Abdullah b. Ahmed şöyle demiştir:

"Babama Ali'nin halife olmadığını söyleyen topluluk hakkında sordum.

Bana şöyle dedi:

-Bu kötü bir sözdür."[4]

5. İbn-i Cevzî, İmam Ahmed'in şöyle dediğini rivâyet etmiştir:

"Ali'nin hilâfetini kabul etmeyen kimse, kendi ehlinin eşeğinden daha sapıktır."[5]

---

[1] İmam Ahmed; es-Sunne, sh: 77-78
[2] Menâkıbu'l-İmam Ahmed, sh; 170
[3] es-Sunne, sh; 235
[4] es-Sunne, sh; 235
[5] Menakıbu'l-İmam Ahmed, sh: 163

6. İbn-i Ebî Ya'lâ, Ahmed b. Hanbel'in şöyle dediğini rivâyet etmiştir:

"Ali b. Ebî Talib'in dördüncü halife olduğunu kabul etmeyen kimse ile ne konuşun, ne de onu evlendirin. "[1]

e) İmam Ahmed b. Hanbel'in kelâmdan ve dînde tartışmadan sakındırması:

1. İbn-i Batta, Ebu Bekr el-Mervezî'den şöyle rivâyet etmiştir:

"Ebu Abdullah'ı (Ahmed b. Hanbel'i) şöyle derken işittim:

-Kelâmla uğraşan kimse, kurtuluşa eremez. Kelâmla uğraşan kimsenin Cehmiye'ye kayması kaçınılmazdır. "[2]

2. İbn-i Abdilber, İmam Ahmed'den şöyle rivâyet etmiştir:

"Kelâmcı asla kurtuluşa eremez. Kelâmı düşünüp de kalbinde ihânet bulunmayan kimse, yok gibidir. "[3]

3. el-Herevî, İmam Ahmed'in oğlu Abdullah'tan şöyle rivâyet etmiştir:

"Babam, Ubeydullah b. Yahya b. Hakan'a bir mektup yazarak şöyle dedi:

-Ben kelâmcı değilim ve kelâmın herhangi bir değeri olduğunu da görmüyorum. Allah'ın kitabı ve elçisinin sünnetinden başka bir şeyi kabul etmem. Bunun dışında bir şeyde söz söylemek hoş değildir. "[1]

---

[1] Tabakatul-Hanabile, c: I, sh: 45
[2] el-İbâne, c: 2, sh: 538
[3] Camiu Beyani'l-İlim ve Fadlihi, c: 2, sh: 95.

4. İbn-i Cevzî, Musa b. Abdullah et-Tarsûsî'den[2] şöyle rivâyet etmiştir:

"Ahmed b. Hanbel'i şöyle derken işittim:

-Sünneti savunsalar bile, kelâmcılarla oturmayın. "[3]

5. İbn-i Batta, Ebu'l-Hâris es-Sâyiğ'den şöyle rivâyet etmiştir:

"Kim, kelâmı severse, kelâm onun kalbinden çıkmaz. Kelâmcının da kurtuluşa erdiğini göremezsin. "[4]

6. İbn-i Batta, Ubeydullah b. Ahmed'den şöyle rivâyet etmiştir:

"Babam bize şöyle nasihatte bulundu:

-Sünnete ve hadise sarılın. Hadis ile Allah size faydalar verir.Sakın cedel ve tartışmaya girmeyin. Çünkü kelâmı seven kimse, kurtuluşa eremez. Kelâm ihdas eden her kimse, son işi ancak bir bid'at çıkarmaya götürür. Çünkü kelâm, hayra dâvet etmez. Ne kelâmı, ne de cedeli severim. Sünnetlere, sahâbenin sözlerine ve size faydalanacağınız fıkıh ilmine sıkı sıkıya sarılın. Cedeli, kalpleri kaymış ve tartışmacı kimselerin kelâmlarını bırakın.Biz, bizden öncekilerin böyle şeylerden haberleri olmadıklarını ve kelâmcılardan kaçındıklarını gördük. Kelâmın sonu, hayra götürmez. Allah bizi ve sizi fitnelerden korusun. Bizi de sizi de helak olmaktan kurtarsın. "[5]

7. İbn-i Batta, İmam Ahmed'den şöyle rivâyet etmiştir:

"Kelâmı seven bir kimseyi görürsen, ona karşı dikkatli ol!"[6]

---

[1] Zemmu'l-Kelâm, K- 216.

[2] Türk Hakanının oğlu Yahya b. Ubeydullah, künyesi Ebul-Hasen'dir. Sonradan Bağdad'a yerleşmiştir. İmam Zehebî onun hakkında şöyle demiştir: "Büyük vezir...Abbasi halifesi el-Mütevekkil'e, sonra da el-Mu'temid'e vezirlik yapmıştır. el-Mütevekkil'in yanında büyük bir makama sahip olmuştur. Çok müsamaha gösteren ve cömert birisiydi.

[3] Menâkıbu'l-İmam Ahmed, sh: 205

[4] İbn-i Batta; el-İbâne, c:2, sh:539

[5] İbn-i Batta; el-İbâne, c:2, sh:539

[6] İbn-i Batta; el-İbâne, c:2, sh:540

SONUÇ

Buraya kadar anlattıklarımızdan, dört mezhep imamının da aynı akîdede ittifak ettikleri, aralarında sadece bir meselede ihtilaf çıktığını açıkça gördük. Bu ihtilâf da, Ebu Hanife'nin îmân konusunda yapmış olduğu farklı tanım nedeniyledir. Bununla birlikte, Ebu Hanife'nin daha sonra bu düşüncesinden vazgeçtiği rivâyet edilir.

Müslümanları tek söz üzere birleştirecek ve onları dînde ayrılığa düşmekten kurtaracak olan akîde işte budur. Çünkü bu akîde, Allah'ın kitabı ve elçisinin sünnetinden alınmadır. Ne yazık ki dört imamın akîdesini pek az insan hakkıyla biliyor ve anlıyor. O imamları, Kur'an'ın kıraatinden başka insanlardan farklı bir şey bilmedikleri kanaati yayıldı. Onlar, Allah'ın vahyi boş yere indirdiğini mi zannediyorlar?

Nitekim Allah Teâlâ bu konuda şöyle buyurmaktadır:

﴿ كِتَابٌ أَنزَلْنَاهُ إِلَيْكَ مُبَارَكٌ لِّيَدَّبَّرُوٓاْ ءَايَاتِهِۦ وَلِيَتَذَكَّرَ أُوْلُواْ ٱلْأَلْبَابِ ۝ ﴾

[سورة ص الآية: ٢٩]

"(Ey Nebi!) Âyetlerini iyice düşünsünler ve akıl sahipleri öğüt alsınlar diye sana bu mübârek kitabı (Kur'an'ı) biz indirdik."[1]

$$ \text{﴿ وَإِنَّهُ لَتَنزِيلُ رَبِّ ٱلْعَٰلَمِينَ ۝ نَزَلَ بِهِ ٱلرُّوحُ ٱلْأَمِينُ ۝ عَلَىٰ قَلْبِكَ لِتَكُونَ مِنَ ٱلْمُنذِرِينَ ۝ بِلِسَانٍ عَرَبِيٍّ مُّبِينٍ ۝ ﴾ [سورة الشعراء الآيات: ١٩٢-١٩٥]} $$

"O, Âlemlerin Rabbi'nden indirilmedir. O'nu, apaçık bir Arapça lisan ile, uyarıcılardan olman için senin kalbine Cibril indirdi."[2]

$$ \text{﴿ إِنَّآ أَنزَلْنَٰهُ قُرْءَٰنًا عَرَبِيًّا لَّعَلَّكُمْ تَعْقِلُونَ ۝ ﴾ [سورة يوسف الآية: ٢]} $$

"Biz, O'nu Arapça bir Kur'an olarak indirdik. Umulur ki akıl erdirirsiniz."[3]

Allah Teâlâ kitabını, âyetleri düşünülsün ve üzerinde tefekkür edilsin diye indirmiştir.O, kitabı, insanlar anlamını akıl etsin ve anlasın diye Arapça bir lisan ile indirdi. Allah Teâlâ, âyetleri düşünülsün ve üzerinde tefekkür edilsin diye Arapça bir lisan ile indirmiş ise, bu dil gereği, inen toplumun anlaması için anlamının kolay olması gerekir. Sonra eğer anlamı anlaşılacak bir şekilde indirilmiş olmasaydı, boş yere indirilmiş ve bir yarar sağlamamış olurdu. Böyle bir durumda, inmiş olduğu topluluğa, anlamı olmayan harflerden ibâret olurdu.

Böyle bir söz sahâbe, tabiîn ve onlardan sonra gelen imamların akîdesine karşı işlenmiş bir cinâyet ve suçları olmadığı halde onlara atılmış bir iftira sayılır.Onlar, nübüvvet asrına yakın olduklarından dolayı vahyin naslarının anlamını daha iyi kavrayan kimselerdi.Hatta onlar, buna daha hak sahibidirler. Onlar, Kur'an ve sünnetten elde ettikleri delillerde Allah'a ibâdet ederler ve bunun anlamını bilirlerdi.Bunu da Allah katından inmiş bir şeriat ve akîde olarak kabul etmişlerdir.Onlar Rab'lerine giden yolu bilip de, kendisine ibâdet ettikleri o ilahı, kemal sıfatları ile bilemez ve akledemez bir halde olamazlar.

---

[1] Sâd Sûresi: 29
[2] Şuarâ Sûresi: 192-195
[3] Yusuf Sûresi: 2

Kısacası dört imamın akîdesi, Kur'an ve Sünnetten gelen, saf ve berrak kaynaktan gelen,içinde te'vil, ta'til, teşbih ve temsil bulunmayan sahih bir akîdedir.Muattıle ve Müşebbihe mensubu herkes,Allah'ın sıfatlarını anlayama-mışlardır.Onlar -hâşâ- Allah'ın sıfatlarını, mahlukatın sıfatlarını düşünmeden kavranamayacağını zannedenlerdir.Bu, Allah'ın insanları üzerinde yarattığı fıtrata aykırıdır. Halbuki Allah'ın ne zatında, ne sıfatında, ne de fiillerinde bir benzeri vardır.

Bu kitapçığın müslümanlara yararlı olmasını, onları tek bir akîde ve tek bir yol, Kitap ve Sünnet akîdesi üzere bir araya getirmesini Allah Teâlâ'dan dilerim.

Bütün niyetleri ve maksatları bilen Allah'tır. O, bize yeter ve O, ne güzel Vekîl'dir.

Son duâmız, hamd, Âlemlerin Rabbi Allah'adır.

Allah Teâlâ, Nebimiz Muhammed'e salât ve selâm eylesin.

www.ingramcontent.com/pod-product-compliance
Lightning Source LLC
LaVergne TN
LVHW041341200726
843509LV00009B/807